新时代大学英语课堂模式研究与实践

雷思崎 著

云南人民出版社

图书在版编目（CIP）数据

新时代大学英语课堂模式研究与实践／雷思崎著.
昆明：云南人民出版社，2025.1. -- ISBN 978-7-222
-23643-1

Ⅰ．H319.3

中国国家版本馆 CIP 数据核字第 2024BV0864 号

组稿统筹：冯　琰
责任编辑：王曦云
责任校对：武　坤
封面设计：李　杰
责任印制：窦雪松

新时代大学英语课堂模式研究与实践
XINSHIDAI DAXUE YINGYU KETANG MOSHI YANJIU YU SHIJIAN

雷思崎　著

出　版	云南人民出版社
发　行	云南人民出版社
地　址	昆明市环城西路 609 号
邮　编	650034
网　址	www.ynpph.com.cn
E-mail	ynrms@sina.com
开　本	787 mm× 1092 mm　1/16
印　张	12.5
字　数	210 千
版　次	2025 年 1 月第 1 版第 1 次印刷
印　刷	唐山唐文印刷有限公司
书　号	ISBN 978-7-222-23643-1
定　价	78.00 元

云南人民出版社微信公众号

如需购买图书、反馈意见、请与我社联系

总编室：0871-6410912　发行部：0871-64108507　审校部：0871-64164626　印制部：0871-64191534

版权所有　　侵权必究　　印装差错　　负责调换

PREFACE 前言

在新时代，大学英语课堂模式的研究与实践显得尤为重要。随着社会的快速发展和科技的不断进步，传统的英语教学模式已经无法满足学生的需求，需要不断创新和改革，以适应时代的要求。传统的课堂模式往往是以教师为主导的，学生被动接受知识，缺乏积极性和主动性。而在新时代，应该倡导学生参与式的教学模式，鼓励学生主动思考、互动交流，培养他们的批判性思维和问题解决能力。通过课堂讨论、小组合作等形式，激发学生的学习兴趣和动力，提高他们的学习效果和成就感。

传统的英语教学往往偏重语法和词汇的教学，缺乏实际运用的环节。应该注重培养学生的语言实际运用能力，让他们能够灵活运用英语进行交流和表达。因此，在课堂教学中应该增加更多的实践环节，如角色扮演、情景模拟等，让学生在真实的语言环境中进行练习和应用，提高他们的语言水平和沟通能力。在新时代，英语已经不再是一个单一的学科，而是与其他学科密切相关，需要与其他学科进行跨学科的融合和整合。因此，在课堂教学中，应该引入更多与其他学科相关的内容和案例，如科技、商务、文化等，让学生了解英语在不同领域的应用和重要性，培养他们的综合素养和创新能力。

本书旨在深入探讨新时代大学英语课堂模式的理论与实践，旨在推动大学英语教育的改革与创新。通过对大学英语课堂模式的全面分析和研究，本书旨在揭示其在新时代的意义与价值，梳理其演变历程，探讨创新理念，分享设计与构建方法，探讨新技术应用，探讨对学生学习能力的提升、评价与改进模式，探讨与课程教学改革的关系，研究教师专业发展等方面。全书共分十章，分别从不同角度深入研究大学英语课堂模式的各个方面。每章均包含多个节，涵盖了理论研究和实践探索，旨在为大学英语教育的实践提供理论支撑和方法指导。本书适用于大学英语教师、教育管理者、教育研究者以及对大学英语教育感兴趣的读者。

作者在写作本书的过程中，借鉴了许多前辈的研究成果，在此表示衷心的感谢。由于本书需要探究的层面比较深，作者对一些相关问题的研究不够透彻，加之写作时间仓促，书中难免存在不妥和疏漏之处，恳请前辈、同行以及广大读者斧正。

CONTENTS 目 录

第一章 新时代大学英语课堂模式的理论基础 ·········· 1
- 第一节 新时代大学英语教育的意义 ·········· 1
- 第二节 大学英语课堂模式演变的历史回顾 ·········· 15
- 第三节 新时代要求下的大学英语课堂模式创新理念 ·········· 21

第二章 大学英语课堂模式设计与构建 ·········· 29
- 第一节 大学英语课堂模式设计的原则与方法 ·········· 29
- 第二节 大学英语课堂教学资源的整合与优化 ·········· 43
- 第三节 大学英语课堂教学环境的构建与改进 ·········· 46
- 第四节 大学英语课堂模式的实施与管理 ·········· 49

第三章 当代大学生学习状态 ·········· 53
- 第一节 学习动机与态度 ·········· 53
- 第二节 学习方法与习惯 ·········· 56
- 第三节 学习压力与应对 ·········· 60

第四章 大学英语课堂模式下学生学习能力的提升 ·········· 64
- 第一节 大学英语课堂模式对学生学习兴趣的激发 ·········· 64
- 第二节 大学英语课堂模式对学生学习策略的培养 ·········· 72
- 第三节 大学英语课堂模式对学生综合素质的提升 ·········· 78
- 第四节 大学英语课堂模式对学生创新能力的培养 ·········· 85

第五章 新时代大学英语课堂模式的评价与改进 ·········· 90
- 第一节 大学英语课堂模式评价的理论与方法 ·········· 90
- 第二节 大学英语课堂评价的内容 ·········· 96
- 第三节 大学英语课堂模式改进的路径与策略 ·········· 103

第六章　大学英语课堂模式与课程教学改革 ······ 109
第一节　大学英语课堂模式与课程目标的对接 ······ 109
第二节　大学英语课堂模式与课程内容建设 ······ 120
第三节　大学英语课堂模式与课程教学改革的成效评估 ······ 127

第七章　大学英语课堂教学中教师的专业发展 ······ 132
第一节　大学英语教师在课堂模式创新中的角色定位 ······ 132
第二节　大学英语课堂中教师教学理念与方法 ······ 145
第三节　大学英语课堂中教师教学能力的培养 ······ 152
第四节　大学英语教师的专业发展 ······ 160

第八章　大学英语课堂模式的未来发展趋势与展望 ······ 174
第一节　新时代大学英语课堂模式的未来发展趋势 ······ 174
第二节　大学英语课堂模式创新的前沿技术与方法 ······ 179
第三节　大学英语课堂模式发展的关键问题与挑战 ······ 182
第四节　大学英语课堂模式的未来展望与建议 ······ 188

参考文献 ······ 192

第一章　新时代大学英语课堂模式的理论基础

第一节　新时代大学英语教育的意义

一、提升学生综合素质

（一）语言能力

大学英语教育不仅在提升学生的英语听说读写能力方面起到了至关重要的作用，还在培养学生跨文化交际能力方面发挥了重要作用。英语作为全球最广泛使用的语言之一，成为国际交流的主要工具。在大学英语教育中，学生不仅仅学习语法和词汇，更重要的是通过各种方式提升实际运用英语的能力。例如，通过英语角、英语演讲比赛以及海外交换项目等，学生可以在真实的语言环境中实践和提高英语沟通能力。这些实践活动不仅增强了学生的语言能力，还使他们在跨文化交际中更加自信和从容。大学英语教育通过课程设计和教学方法的创新，全面提升了学生的综合素质。现代大学英语课程不仅注重语言技能的培养，还强调对学生批判性思维和分析能力的训练。例如，通过阅读原版英文文献和写作学术论文，学生可以更好地理解和分析不同文化背景下的思想和观点，从而提高其学术研究能力。同时，英语课程中的小组讨论和合作项目也培养了学生的团队合作精神和领导能力，为他们未来在国际化的工作环境中与不同文化背景的人有效沟通打下了坚实的基础。

大学英语教育还通过跨文化交际课程，帮助学生了解和尊重不同文化。英语不仅是语言学习的载体，更是文化理解和交流的重要桥梁。在大学英语课堂上，教师通过引入多样化的文化素材，如电影、文学、音乐和新闻等，使学生能够接触到不同国家和地区的文化习俗和社会现象。这不仅开阔了学生的视野，还培养了他们的文化敏感性和包容心，使他们在面对不同文化时能够更好地理解和尊重他人。此外，大学英语教育也在不断适应全球化发展的需求，为学生提供更多的国际交流机会。许多大学通过与海外高校建立合作关系，开展各种形式的国际交流项目，如短期留学、交换生项目和国际学术会议等。通过这些项目，学生不仅可以提高英语水平，还可以亲身体验不同国家的文化和教育体系。这些宝贵的经历不仅丰富了学生的学习经历，还增强了他们的国际视野和跨文化交际能力，使他们在全球化的背景下更具竞争力。

在全球化经济的推动下，越来越多的企业需要具备跨文化交际能力的员工。通过大学英语教育，学生不仅可以流利地使用英语进行交流，还能够理解和适应不同文化背景下的工作方式和商业礼仪，从而在求职过程中脱颖而出。同时，大学英语教育还通过职业英语课程，帮助学生掌握专业领域的英语表达技巧，如商务英语、法律英语和医学英语等，使他们在进入职场后能够更好地胜任工作。

（二）思维能力

通过英语教育，学生能够接触到不同文化背景和思维方式，促进了批判性思维和创新能力的发展。英语教育使学生有机会阅读和分析来自世界各地的文献和资料，接触到各种不同的观点和思想。这种多样化的阅读经验不仅丰富了学生的知识储备，也培养了他们的批判性思维能力[①]。在英语课堂上，学生通过阅读外国文学作品和学术文章，学习如何从不同的角度分析问题，从而形成独立思考的能力。通过学习英语，学生需要掌握复杂的语法结构和词汇，并在写作和口语表达中灵活运用。这种语言学习过程本身就是一种逻辑思维的训练，要求学生能够清晰、准确地表达自己的观点。在写作过程中，学生需要组织逻辑严密论证，分析问题的各个方面，并提出合理的解决方案，这无疑增强了他们的分析和推理能力。

英语教育通过讨论和辩论的方式，激发了学生的创新思维。教师常常会组织学生进行小组讨论或辩论，让他们就某一话题发表意见，并与同学们交换看法。这种互动不仅激发了学生的思维活力，也培养了他们的表达和沟通能力。在讨论过程中，学生需要快速思考，提出新颖的观点，并能够逻辑清晰地阐述自己的立场，这对于培养他

---

① 杨莉芳. 大学英语新形态教材：内涵、开发原则与核心特征［J］. 外语界，2024（01）：57-64.

们的创新思维大有裨益。此外，英语教育还通过跨学科的学习方式，促进了学生综合素质的提升。在英语课程中，学生不仅学习语言知识，还涉及历史、文化、科技等多方面的内容。通过这种跨学科的学习，学生可以将不同领域的知识联系起来，形成更为全面和系统的思维方式。例如，通过学习英语文学作品中的历史背景，学生可以更好地理解历史事件和文化现象，从而培养了他们的综合分析能力和跨学科思维能力。

许多大学通过与国外高校的合作，组织学生参加国际学术会议、交流项目和实习机会。这些经历不仅让学生有机会在实际环境中运用英语，也让他们接触到不同国家的教育和科研方法，开阔了他们的眼界。在这种国际化的学习环境中，学生能够更好地理解和尊重不同文化背景下的思维方式，从而促进了他们的批判性思维和创新能力的发展。英语教育还通过引导学生进行自主学习，培养了他们的学习能力和自我管理能力。在英语学习过程中，学生需要自主选择学习材料、制定学习计划，并不断进行反思和调整。这种自主学习的过程不仅增强了学生的学习动力，也培养了他们的自我管理能力和时间管理能力。同时，通过不断挑战和克服学习中的困难，学生的自信心和抗压能力也得到了提升，为他们今后的学习和工作打下了坚实的基础。

英语教育通过多样化的教学方法，激发了学生的创造力和想象力。教师常常采用多媒体教学、情景模拟和项目式学习等方法，让学生在实际情境中运用所学知识。这种生动活泼的教学方式不仅增加了学习的趣味性，也激发了学生的创造力。例如，通过角色扮演和戏剧表演，学生可以充分发挥自己的想象力，创作出富有创意的作品，这对于培养他们的创新能力具有重要意义。

（三）学习能力

英语学习过程中的自主学习和研究能力有助于学生在其他学科的学习中取得更好成绩。英语学习强调自主学习的重要性，这一过程培养了学生的自我管理能力。在英语学习中，学生需要制定学习计划、选择学习材料并进行自我评估，这一系列的自主学习过程使学生逐渐掌握了如何高效地安排时间和管理任务的技能。这些技能不仅对英语学习有帮助，也能迁移到其他学科的学习中，帮助学生在各个领域都能取得优异的成绩。英语学习过程中，学生常常需要进行大量的阅读和写作练习。这些练习不仅提升了学生的语言表达能力，还培养了他们的分析能力和逻辑思维能力。例如，在阅读英文文献时，学生需要分析文章的结构、理解作者的观点并进行批判性思考。这种阅读习惯和能力对于其他学科的学习也非常有益，因为许多学科都要求学生具备良好的阅读理解和分析能力。

学生需要进行各种形式的研究活动，如撰写论文、进行项目研究和做演示报告等。这些活动培养了学生的研究方法和技能，使他们能够有效地收集、分析和应用信息。这些研究能力在科学、历史、社会学等学科中同样适用，能够帮助学生在这些领域的学习中取得更好的成绩。英语学习中的跨文化理解和交流能力也为其他学科的学习提供了支持。通过英语学习，学生接触到了不同文化的背景和视角，增强了他们的全球视野和文化敏感性。这种跨文化的理解能力对于历史、地理和社会学等学科的学习非常有帮助，因为这些学科都需要学生具备一定的文化背景知识和跨文化的思维能力。

英语学习还通过各种互动和合作学习的方式，提升了学生的团队合作能力。学生常常需要进行小组讨论、合作完成项目和进行角色扮演等活动。这些合作学习的经验不仅增强了学生的沟通能力和团队协作精神，也帮助他们在其他学科的学习中更好地与同学合作，共同解决问题。同时，英语学习中的听说读写四项基本技能的培养，为学生在其他学科的学习奠定了坚实的基础。听力和口语训练提高了学生的听说能力，使他们在课堂上能够更好地理解教师的讲解和参与课堂讨论；阅读和写作训练增强了学生的文字表达能力，使他们在写作论文和报告时能够更加清晰和有条理地表达自己的观点。这些基本技能在任何学科的学习中都是必不可少的，有助于学生取得更好的学习成绩。

英语学习过程中的信息技术应用能力也为学生在其他学科的学习提供了有力支持。在现代英语教学中，信息技术的应用已经成为重要的教学手段。例如，学生通过使用在线词典、语法检测工具和学习平台等工具，提高了自主学习的效率。这些信息技术工具和方法同样可以应用到其他学科的学习中，帮助学生更好地掌握学习内容和提高学习效率。英语学习过程中的问题解决能力和批判性思维能力同样适用于其他学科。学生经常会遇到各种问题和挑战，如理解复杂的语法结构、掌握新的词汇和处理不同的语言情境等。这些问题需要学生通过各种方法和策略来解决，这个过程培养了他们的问题解决能力和批判性思维能力。这些能力在数学、科学和工程等学科的学习中同样重要，因为这些学科都要求学生具备良好的问题解决能力和批判性思维能力。

二、适应全球化发展的需要

（一）国际交流

英语作为全球通用语言，在国际交流中具有举足轻重的地位，掌握英语无疑为学生参与国际会议、合作项目及学术交流提供了巨大的便利。英语作为主要的国际交流语言，成为学生参与全球学术界的重要工具。无论是科学技术、文学艺术，还是商业管理领域，英语都被广泛使用。学生通过学习英语，可以无障碍地阅读和理解国际最新研究成果，及时掌握全球学术动态。这为学生的学术研究提供了丰富的资源，也使他们能够在学术研究中站在前沿，发表高质量的研究论文。国际学术会议是学者们展示最新研究成果、交流学术思想的重要平台。通过参加这些会议，学生不仅可以向国际同行展示自己的研究成果，还可以直接与来自世界各地的学者交流，获取他们的反馈和建议。这种面对面的交流不仅有助于提升学生的学术水平，还可以开阔他们的视野，激发他们的创新思维。同时，参加国际学术会议也为学生提供了宝贵的学术人脉资源，这些资源对于他们未来的学术发展和职业生涯都有重要意义。

无论是跨国企业合作，还是国际科研合作，英语都是主要的沟通工具。学生可以更好地参与这些合作项目，与国际团队进行有效沟通与协作。例如，在跨国企业的项目管理中，掌握英语可以使学生更好地理解项目需求，制定有效的项目计划，并与来自不同文化背景的团队成员进行顺畅的沟通。这不仅提高了项目的成功率，也增强了学生的国际合作能力和跨文化沟通能力。在全球化背景下，许多高校和科研机构都与国际组织和企业建立了广泛的合作关系。通过这些合作，学生可以参与到各种形式的国际交流项目中，如短期交换项目、国际实习和海外研修等。这些项目不仅可以让学生在实际环境中运用英语，也可以让他们深入了解不同国家的文化和社会，增强他们的国际视野和跨文化适应能力。

国际学术期刊通常要求论文以英语撰写，这对学生的英语写作能力提出了很高的要求。学生不仅可以提高英语写作水平，还可以学习到如何在学术论文中准确表达研究成果和观点。发表高质量的学术论文，不仅能够提升学生的学术影响力，还可以为他们在国际学术界赢得更多的认可和机会。在国际合作项目中，语言障碍常常是一个很大的挑战。学生可以在国际合作中担当翻译和沟通的角色，帮助团队成员克服语言障碍，促进项目的顺利进行。这不仅增强了学生的团队合作能力和跨文化沟通能力，也为他们未来在国际合作中承担更重要的角色打下了基础。

英语作为国际教育交流的重要工具，使学生能够更好地利用全球教育资源。许多世界顶尖大学的课程和研究项目都以英语进行，通过掌握英语，学生可以申请这些大学的学位项目和研究机会，获得世界一流的教育资源和研究平台。这不仅可以提升学生的学术水平，还可以为他们的职业发展提供更多的选择和机会。在全球化经济中，越来越多的企业需要具备英语能力的员工。学生不仅可以胜任国际企业的工作要求，还可以在求职过程中展现出更强的竞争力。许多跨国企业在招聘时都非常重视应聘者的英语能力，因为英语能力不仅体现了应聘者的沟通和协作能力，还表明他们具备跨文化的适应能力和国际视野。

（二）全球视野

学生能够了解世界各国的文化、历史和社会发展状况，开阔视野，增强全球意识。英语作为一种全球通用语言，为学生提供了广泛的文化交流平台。学生可以阅读大量的英文原著、新闻报道和学术文章，深入了解不同国家和地区的文化背景和社会现象。例如，通过阅读英国的文学作品，学生可以了解英国的历史和社会发展，通过学习美国的新闻报道，学生可以了解美国的政治和经济动态。这些丰富的文化知识不仅开阔了学生的视野，也增强了他们对全球事务的理解和关注。通过英语课程中的历史题材，学生可以接触到世界历史的重要事件和人物。例如，通过学习二战期间的英语资料，学生可以了解欧洲各国在战争中的角色和经历，通过阅读殖民时期的英语文献，学生可以了解殖民主义对世界各地的影响。这些历史知识不仅让学生更好地理解当前的国际局势，也培养了他们的历史视角和批判性思维能力。

学生可以接触到世界各地的社会发展案例，了解不同国家在社会改革、经济发展和科技创新方面的经验和挑战。例如，通过阅读关于北欧国家福利制度的英语资料，学生可以了解这些国家在社会保障方面的成功经验，通过学习关于亚洲新兴经济体发展的英语文章，学生可以了解这些国家在经济发展方面的策略和成就。这些知识不仅丰富了学生的认知，也增强了他们对全球社会发展的兴趣和关注。学生可以参加各种国际交流活动，如夏令营、交换项目和国际会议等。这些活动不仅让学生有机会亲身体验不同国家的文化和生活，还可以与来自世界各地的学生和学者交流，分享彼此的观点和经验。这种跨文化交流不仅增强了学生的沟通能力和适应能力，也开阔了他们的国际视野，培养了他们的全球意识。

英语学习还通过引入多元文化内容，促进了学生对全球文化多样性的理解。教师常常会引入来自不同文化背景的教材和教学资源，如电影、音乐、文学作品等，通过这些多元文化内容，学生可以接触到不同文化的价值观、习俗和生活方式。这不仅让学生对世界的了解更加全面，也培养了他们的文化敏感性和包容心，使他们在面对不同文化时能够更加尊重和理解他人。同时，英语学习中的跨文化交际能力训练，也为学生增强全球意识提供重要支持。学生不仅要掌握语言技能，还要了解如何在不同文化背景下进行有效沟通。例如，通过学习礼貌用语和文化禁忌，学生可以更好地理解和尊重不同文化的交际习惯和礼仪。这种跨文化交际能力的培养，不仅有助于学生在国际交流中更好地沟通和合作，也增强了他们的全球视野和文化理解力。

教师常常会引导学生讨论一些全球性的问题，如气候变化、贫困与发展、人权与公平等。这些讨论不仅让学生了解这些问题的全球背景和影响，也激发了他们的责任感和行动力。通过对全球问题的深入探讨，学生可以更好地理解全球化的复杂性和多样性，增强他们的全球意识和社会责任感。学生可以利用全球化的教育资源，如在线课程、国际学术期刊和全球学术交流平台等，提升自己的学术水平和专业能力。同时，通过参加国际化的教育项目，学生可以获得更多的国际视野和经验，为他们未来的职业发展打下坚实的基础。

（三）就业竞争力

具备英语能力的毕业生在国际市场上更具竞争力，能够获得更多的就业机会。英语作为国际通用语言，是跨国企业和机构交流与合作的主要工具。无论是在国际贸易、金融、科技还是文化交流领域，英语都起着桥梁作用。具备英语能力的毕业生，能够在国际环境中无障碍地沟通和协作，这使他们在求职过程中更受跨国公司的青睐。跨国公司通常需要员工具备良好的英语能力，以便能够高效地与全球客户、合作伙伴和同事进行交流。在全球化的劳动力市场中，越来越多的岗位要求应聘者具备英语能力。

许多跨国企业在招聘时，尤其看重候选人的英语沟通能力和跨文化适应能力。毕业生不仅可以胜任这些职位，还能够在国际化的工作环境中表现出色，获得更多的职业晋升机会。例如，在国际市场营销、国际商务咨询和跨境电子商务等领域，英语能力都是必不可少的，这为具备英语能力的毕业生提供了广阔的职业发展空间。

在求职过程中，面试往往是一个展示个人能力和特长的重要环节。可以在面试中流利地用英语回答问题，展示他们的沟通能力和专业素养。这不仅能够给面试官留下深刻的印象，还能显著提高他们的录取机会。尤其是在一些需要与国际客户和合作伙伴打交道的岗位上，具备良好英语能力的应聘者往往更容易获得面试官的认可。随着全球化的发展，越来越多的国家和地区对具备英语能力的专业人才有着巨大的需求。毕业生可以申请到更多的国际职位，甚至可以选择在国外工作和生活。这不仅为他们提供了更广阔的职业发展平台，也让他们有机会体验不同的文化和生活方式。

许多国际组织和跨国公司都会组织各种形式的培训和交流项目，以提升员工的专业技能和国际视野。可以更轻松地参与这些项目，提升他们的职业素养和竞争力。例如，通过参加国际学术会议、海外研修和跨国项目合作，毕业生可以学到最新的行业知识和技术，增强他们在职场中的竞争力。在全球化的经济环境中，创业已经成为许多年轻人实现职业理想的重要途径。毕业生可以更好地了解国际市场的需求和动态，寻找海外市场的商机。同时，他们还可以利用英语与全球的投资者、合作伙伴和客户进行沟通，推动他们的创业项目走向国际化。例如，一些具有创新精神的毕业生通过英语学习，成功地将他们的创业项目推广到国际市场，取得了显著的成绩。

在全球化的工作环境中，跨文化沟通和协作能力已经成为职业发展的关键因素。毕业生可以更好地理解和尊重不同文化的价值观和工作方式，从而在跨文化的工作环境中表现得更加自信和从容。这不仅有助于他们在职场中建立良好的人际关系，还能够增强他们的团队合作能力和领导力。许多国际组织和专业机构都会设立各种形式的认证考试和培训项目，提升专业人士的职业素养和国际竞争力。毕业生可以参加这些国际认证考试，获得全球认可的职业资质。例如，国际注册会计师（CPA）、国际项目管理专业人员（PMP）等，这些国际认证不仅能够提升他们的职业素养，还能够增强他们在国际市场中的竞争力。

三、促进教育国际化

（一）教学资源共享

英语教育有助于学生利用全球优质的教育资源，如国际学术期刊、在线课程和交流项目，提升自身学术水平。英语是学生获取全球学术资源的关键工具。学生可以直接阅读国际顶尖学术期刊上的最新研究成果，了解学术界的前沿动态。例如，学生可以通过阅读 Nature、Science 等国际知名期刊，及时获取各学科的最新研究进展。这不仅拓宽了学生的知识面，也激发了他们的科研兴趣和创新思维，提升了他们的学术水平。这些在线课程涵盖了各种学科和领域，由世界一流大学和研究机构提供。例如，许多著名大学如哈佛大学、麻省理工学院等都在网上开设了免费的课程平台。通过这些平台，学生可以学习到世界顶尖教授的课程内容，接触到最前沿的学术知识和研究方法。这些在线课程不仅为学生提供了丰富的学习资源，也为他们提供了灵活的学习方式，使他们能够根据自己的兴趣和需要，自主安排学习计划，提高学习效率。

学生可以申请参加各种国际交流项目，如国际学术会议、跨国研究项目和学生交换计划等。这些项目不仅为学生提供了与国际学者和同行直接交流的机会，也为他们提供了宝贵的学术交流平台。例如，通过参加国际学术会议，学生可以向全球学术界展示自己的研究成果，获得专家的反馈和建议，进一步提升自己的学术水平。此外，通过跨国研究项目，学生可以与国际知名学者合作，参与到国际前沿课题的研究中，积累丰富的科研经验。英语学习还为学生提供了获取全球教育资源的渠道。例如，学生可以访问国际知名大学的图书馆资源，获取大量的电子书、期刊和学术论文。这些资源不仅为学生的学术研究提供了丰富的资料，也帮助他们更好地完成课程作业和研究项目。同时，学生还可以利用国际学术数据库，进行学术文献的检索和下载。这些学术资源的获取，使学生能够深入了解自己研究领域的最新进展和研究热点，提高他们的学术研究能力。

英语教育中的跨文化理解能力，也为学生利用全球教育资源提供了支持。在全球化的学术环境中，跨文化理解和交流能力已经成为学术交流的重要素质。学生可以更好地理解和尊重不同文化背景下的学术规范和交流方式。这不仅有助于他们在国际学术交流中表现得更加自信和从容，也增强了他们的跨文化沟通能力和国际合作能力。学生可以掌握各种信息技术工具和资源，如学术搜索引擎、文献管理软件和在线学习平台。这些信息技术工具和资源，不仅提高了学生的信息获取和管理能力，也提升了他们的自主学习能力和科研能力。例如，通过使用文献管理软件，学生可以高效地组织和管理大量的学术文献，提高文献阅读和写作的效率。

英语教育还通过培养学生的批判性思维能力，提升他们利用全球教育资源的效果。学生需要进行大量的阅读和写作练习，这些练习不仅提高了他们的语言能力，也培养了他们的批判性思维能力和逻辑分析能力。这些能力对于学术研究至关重要，能够帮助学生更好地分析和理解学术文献，提出独立的见解和观点，提升他们的学术水平。学生可以通过参加各种学术活动，如学术讲座、研讨会和工作坊等，结识来自世界各地的学者和专家，建立起广泛的学术交流和合作网络。这些学术网络不仅为学生提供了丰富的学术资源和支持，也为他们未来的学术发展和职业生涯提供了广阔的空间和平台。

（二）国际合作

英语能力是推动中外高校合作的重要桥梁，有助于师生互访、联合研究和合作办学。师生能够在国际学术交流中无障碍地沟通与合作。例如，在国际学术会议和研讨会上，英语是主要的交流语言，具备英语能力的师生可以更有效地参与讨论，分享他们的研究成果和学术观点。这不仅促进了中外学术界的交流与合作，也提升了他们的国际学术影响力。通过英语，教师和学生可以参加各种国际交流项目，如短期交换项目、海外研修和国际学术访问。这些交流项目为师生提供了宝贵的机会，让他们能够亲身体验不同国家的教育环境和科研环境，了解国外高校的教学方法和研究方法。例如，通过参加国际交换项目，学生可以在国外高校学习和生活一个学期或一学年，深入了解不同国家的文化和教育体系。这不仅丰富了他们的学习经历，也增强了他们的跨文化适应能力和国际视野。

跨国研究项目往往需要来自不同国家和地区的学者共同参与，英语作为共同的交流语言，起到了桥梁作用。通过英语，学者们可以进行高效沟通与合作，共同设计和实施研究项目，分享研究成果和数据。例如，在科学技术、社会科学和人文科学等领域，许多重要的研究项目都是由来自不同国家的学者共同完成的。这些联合研究不仅推动了学术研究的发展，也增强了中外高校的学术合作关系。越来越多的高校通过合作办学的方式，推动国际化教育的发展。通过英语，合作办学项目可以更加顺利地开展，学生和教师可以更好地参与其中。例如，通过双学位项目和联合培养项目，学生可以在中外两所高校分别完成学业，获得双方颁发的学位证书。这种合作办学模式不仅提升了学生的国际竞争力，也促进了中外高校在教学和科研方面的深度合作。

在信息技术迅猛发展的今天，在线教育成为重要的教育形式。通过英语，中外高校可以共同开发和提供在线课程，为全球学生提供优质的教育资源。例如，一些知名高校通过合作开设了国际在线课程和项目，学生可以通过互联网在全球范围内进行学习。这不仅扩大了教育的覆盖面，也推动了教育资源的共享和教育质量的提升。国际学术期刊是学术交流的重要平台，通过英语，学者们可以在这些期刊上发表他们的研究成果，提升他们的学术影响力。例如，中外学者可以共同撰写和发表学术论文，分享他们的研究成果和观点。这不仅促进了学术交流和合作，也增强了中外高校在国际学术界的声誉和影响力。

中外高校可以开展各种形式的教师培训项目，提高教师的教学和科研能力。例如，一些高校通过国际合作，组织教师参加海外培训和研修，学习国外先进的教学理念和方法。这不仅提升了教师的专业素养，也推动了教学质量的提升和教育创新。学生可以参与国际实习和就业项目，提升他们的职业素养和国际竞争力。例如，通过参加跨国公司的实习项目，学生可以获得宝贵的工作经验，了解国际企业的运营模式和管理方法。这不仅增强了他们的就业能力，也为他们未来的职业发展提供了广阔的空间。中外高校可以共同举办各种文化交流活动，如艺术展览、音乐会和文化节等。这些活动不仅丰富了校园文化生活，也促进了中外师生的相互理解和友谊。例如，通过共同举办文化节，中外师生可以展示和分享各自国家的文化传统和艺术成就，增进他们的文化认同和交流。

（三）双语教学

推行双语教学模式，有助于学生更好地掌握专业知识，提升其国际竞争力。双语教学模式为学生提供了更广阔的学习视野和更深入的学习体验。通过在母语和外语之间切换，学生可以更全面地理解和掌握所学专业知识。例如，在双语教学的课堂上，学生可以通过母语理解抽象概念和复杂理论，然后通过外语表达自己的想法和观点。这种双语交替的学习方式，不仅促进了学生对专业知识的深入理解，也提升了他们的外语表达能力和沟通能力。在全球化的今天，跨国交流和合作已经成为学术研究和职业发展的常态。通过双语教学，学生可以在学习过程中逐步适应国际化的学术环境，提前掌握跨文化交流和合作的技能。例如，学生不仅可以学习到专业知识，还可以学习到跨文化沟通和合作的技巧，为他们未来的国际交流和合作打下坚实的基础。

通过在外语环境中学习专业知识，学生可以更加自然地运用外语进行思考和表达，提升他们的语言水平和语言应用能力。与此同时，通过与来自不同文化背景的同学共同学习和合作，学生还可以增强跨文化交际能力和团队合作能力。例如，学生可以与国际学生合作完成各种项目和任务，共同解决问题和探讨思想，从而增进彼此的理解和友谊。通过在双语环境中学习，学生可以接触到不同的思维方式和学术观点，激发他们的创新意识和探索精神。例如，学生可以与老师和同学共同讨论和解决各种复杂问题，提出新颖的想法和解决方案，培养他们的创新思维和实践能力。这种积极的学习氛围，有助于学生充分发挥自己的潜能，成为具有国际竞争力的优秀人才。

学生可以在学习过程中提升自己的外语能力和跨文化交际能力，增加自己在求职过程中的竞争优势。例如，许多跨国公司和国际组织都需要员工具备良好的外语能力和跨文化交际能力，以适应全球化的工作环境。具备双语教学背景的学生，可以更好地胜任这些岗位，获得更多的就业机会和职业发展空间。越来越多的学生愿意选择具有国际化教育背景的学校进行学习。通过推行双语教学，学校可以提升自己的国际形象和吸引力，吸引更多的国际学生和学者来校交流和学习。例如，一些知名高校通过推行双语教学，吸引了大量的国际学生和学者来校学习和交流，提升了学校的国际声誉和竞争力。这有助于学校在全球范围内树立起良好的品牌形象，促进学校的可持续发展和壮大。

四、推动文化交流与认同

（一）文化理解

学生能够更深入地了解英语国家的文化背景、习俗和价值观，增进文化理解与包容。英语作为一种语言，不仅是信息传递的工具，更是承载着特定文化背景和历史积淀的载体。学生可以逐渐了解英语国家的文化传统、历史演变以及社会发展，从而对这些国家的文化背景有更深入认识。例如，通过阅读英语文学作品，如莎士比亚的戏剧、奥斯卡·王尔德的小说，学生可以了解到英国文学的独特魅力和历史底蕴，进而领略到英国文化的多样性和丰富性。随着全球化的加速，让人们可以更轻松地获取到英语国家的新闻资讯、电影音乐、社交媒体等各种文化产品。例如，通过观看英语国家的电影电视剧、阅读英文报纸杂志，学生可以了解到英语国家的生活方式、价值观念、社会风貌等方方面面。这种直接的文化接触，有助于学生深入了解和体验英语国家的文化氛围，增进对其文化的理解。

英语是一种跨国语言，涵盖了英国、美国、澳大利亚、加拿大等许多国家和地区。每个英语国家都有其独特的文化特色和传统习俗，但又有许多共通之处。通过学习不同英语国家的语言和文化，学生可以比较它们之间的差异和联系，进一步增进对世界多样性的理解和尊重。例如，通过学习英国和美国的文学作品，学生可以比较两国的文学风格和文化内涵，从而了解到它们之间的文化交流和相互影响。每个国家都有其独特的价值观念和社会制度，而英语国家也不例外。学生可以了解到英语国家的民主、自由、人权等核心价值观念，以及其在社会生活中的体现和实践。这有助于学生在国际交往和跨文化交流中更好地理解和尊重英语国家的社会制度和文化传统，增进彼此之间的理解与友谊。

学生还可以了解到英语国家的文化多样性和社会包容性。英语国家拥有着不同的种族、宗教、民族等多元文化，这些文化因素交织在一起，形成了丰富多彩的文化景观。学生可以了解到英语国家对多元文化的包容和尊重，以及它们在社会生活中的体现和实践。这有助于学生拓宽自己的文化视野，增进对不同文化的理解和尊重，培养自己的跨文化交际能力和包容性思维。

（二）文化传播

学生能够向世界传播中华文化，增强文化自信和国际影响力。通过运用英语，学生可以更容易地与世界各地的人们进行交流和沟通，向他们介绍中国的历史、文化、艺术等方面的内容，增进对中国的了解和认知。例如，通过在英语平台上发表文章、演讲或参加国际交流活动，学生可以向国际社会展示中华文化的独特魅力和深厚底蕴，提升中国在国际舞台上的形象和声誉。随着全球化的深入发展，国际传媒如英语报纸、电视台、网站等已经成为人们获取信息和了解世界的重要渠道。通过利用这些国际传媒平台，学生可以将中国的文化特色和优秀传统通过多种形式向世界传播，增强中国文化在国际上的影响力和吸引力。例如，通过在国际知名网站上发布中文教育视频、推广中国传统节日、介绍中国历史文化等方式，学生可以吸引更多的国际受众关注和了解中国文化，促进中华文化在国际社会的传播和交流。

学生可以更深入地参与国际文化交流与合作，推动中华文化在世界范围内的传播和交流。在国际交流与合作的平台上，具备英语能力的学生可以更自如地与国际友人和合作伙伴交流，开展文化交流与合作项目。例如，通过参加国际学术会议、文化节、艺术展览等活动，学生可以与国际友人一起探讨中国文化的魅力，展示中国的艺术成就，增进世界各地人民对中国文化的了解和认同。在当今信息爆炸的时代，社交媒体已成为人们获取信息和沟通交流的主要渠道之一。通过在国际知名的社交媒体平台如Facebook、Twitter、Instagram等发布中文内容、分享中国文化、交流中文学习经验等，学生可以吸引更多的国际关注和支持，将中华文化传播到世界各地，增强中国在国际社会的影响力和地位。

学生可以更加积极地参与国际文化交流活动，为增进世界各国人民之间的友谊和合作作出贡献。国际文化交流是增进国与国之间相互理解和友谊的重要途径，具备英语能力的学生可以更好地与国际友人交流、合作，促进文化交流与合作项目的开展。例如，通过参加国际青年文化交流营、国际学生交流项目、国际志愿者服务等活动，学生可以结识来自世界各地的朋友，共同探讨文化差异，促进友谊交流，为推动世界文化繁荣与发展作出积极贡献。

（三）跨文化交流

英语教育为学生提供了跨文化交流的平台，培养其在多元文化背景下的适应能力和沟通技巧。学生可以接触到来自不同国家和地区的文化，了解其价值观、习俗、信仰等方面的差异与共通之处。这种跨文化的接触和交流，有助于学生拓宽自己的视野，增进对世界多样性的理解和尊重，提升在跨文化环境下的适应能力。英语教育为学生提供了与国际友人交流的机会，促进了跨文化交流与合作。学生可以结识来自不同国家和地区的同学，一起学习、讨论问题、完成项目等，共同体验跨文化交流的乐趣与挑战。通过与国际友人的交流，学生可以了解到不同文化背景下人们的思维方式和行为习惯，提升自己在多元文化环境中的交流技巧和沟通能力。

英语教育为学生提供了参与国际交流与合作项目的平台，促进了跨文化交流与合作的深入发展。越来越多的国际交流与合作项目需要参与者具备跨文化交流与合作的能力。学生可以参与到国际学术交流、文化活动、志愿者服务等项目中，与来自不同文化背景的人们共同探讨问题、解决挑战，促进世界各国之间的文化交流与合作。英语教育还为学生提供了参与国际组织与机构的机会，促进了跨文化交流与合作的广泛开展。许多国际组织与机构需要拥有跨文化交流与合作能力的人才。学生可以了解到国际组织与机构的运作机制和工作方式，参与到国际组织的活动中，与来自世界各地的同事合作、交流，共同推动国际事务的发展和进步。

第二节　大学英语课堂模式演变的历史回顾

一、传统教学阶段

在大学英语教学的早期，课堂主要依赖于传统的教学模式。这一阶段的教学方法以教师为中心，教师在课堂上占据主导地位，主要负责讲授语法、词汇和阅读的内容。学生在这种教学模式中，往往处于被动接受知识的状态，课堂上缺乏互动与讨论的机会。教师通过讲解和板书，将知识传递给学生，课堂氛围较为单一，学生的参与度较低。传统的大学英语课堂教学强调知识的传授，教师在课程设计和教学过程中，往往更关注语法规则、词汇量和阅读理解的准确性。这种教学方法虽然有助于学生掌握语言的基本结构和规则，但由于缺乏互动和实际应用的机会，学生在语言运用能力和口语表达能力上可能会有所欠缺。此外，教师在课堂上通常按照固定的教材和教学计划进行教学，课程内容较为刻板，难以激发学生的学习兴趣和积极性。

在传统教学模式中，教师的讲解是主要的教学手段，学生在课堂上的参与度有限。教师通过一系列的讲授，逐步将语言知识传递给学生，而学生则通过听讲、记笔记和完成作业来吸收和内化这些知识。这种教学方式虽然能够系统地传授语言知识，但由于缺乏互动和实践的机会，学生在语言实际应用能力上的提升较为缓慢。传统教学阶段的大学英语课堂，教学内容主要围绕教材展开，教师严格按照教学大纲和课程进度进行讲授。课程设计相对固定，难以根据学生的个体差异和实际需求进行调整。这种教学方式虽然在一定程度上保证了教学内容的系统性和连贯性，但同时也限制了学生自主学习和个性化发展的空间。

在传统的大学英语课堂上，教师是知识的主要传授者，学生的角色相对被动。这种教学模式强调教师的主导作用，学生通过听讲、记笔记和完成作业来掌握知识。这种模式下，学生缺乏主动参与的机会，教师与学生之间的互动较少。尽管这种教学方法能够系统地传授语言知识，学生的语言实践能力和综合应用能力难以得到充分锻炼。传统教学内容和形式较为单一，教师按照既定的教材和教学计划进行讲授，学生主要通过听讲和完成作业来掌握知识。这种教学方式虽然能够系统地传授语法、词汇和阅读理解的知识，学生在语言运用和口语表达能力上的提升较为有限。此外，课堂氛围较为单调，学生的学习积极性和参与度不高，难以激发他们对英语学习的兴趣和热情。

二、交际教学阶段

在 20 世纪中期，语言教学理论的发展促使交际教学模式逐渐兴起。交际教学阶段的大学英语课堂更加注重培养学生的语言运用能力，强调语言在真实交际中的实际应用。与传统教学模式相比，交际教学更加强调学生之间的交流与互动，通过多种形式的课堂活动来提升学生的口语表达能力和沟通能力。交际教学模式的引入，使得大学英语课堂的教学方法发生了显著变化。教师不再是唯一的知识传授者，而是课堂活动的组织者和引导者。学生在课堂上通过角色扮演、小组讨论、模拟对话等活动，积极参与到语言实践中。这些互动活动不仅提高了学生的语言运用能力，还增强了他们的学习兴趣和主动性，使课堂氛围更加活跃和富有活力。

在交际教学模式下，课堂活动的设计更加多样化，注重学生在真实情境中的语言应用。教师通过设置各种情境，让学生在模拟的实际环境中进行语言交流。例如，学生可能会被分成小组，扮演不同的角色，进行模拟对话或情景表演。这些活动不仅提高了学生的口语表达能力，还培养了他们的合作意识和团队精神。此外，通过小组讨论和互动，学生能够在交流中相互学习和借鉴，进一步提高语言学习效果。交际教学模式还强调学生的自主学习和自我反馈。教师鼓励学生在课堂上积极表达自己的观点和想法，通过讨论和交流来解决问题。这种教学方法不仅提高了学生的语言表达能力，还培养了他们的批判性思维和解决问题的能力。通过自主学习和自我反馈，学生能够更好地掌握语言知识，并在实际应用中不断改进和提升。

为了更好地实施交际教学，教师在课堂上需要采用多种教学手段和策略。例如，教师可以利用多媒体资源，如音频、视频和网络资源，来丰富课堂内容和教学手段。这些资源不仅可以提供生动的语言材料，还可以为学生创造更多的语言实践机会。此外，教师还可以设计一些任务型活动，如项目报告、演讲比赛等，让学生在完成任务的过程中提高语言运用能力和沟通能力。交际教学模式的实施对教师的教学能力和课堂管理提出了更高的要求。教师需要具备较强的组织和引导能力，能够灵活地设计和调整课堂活动，满足学生的不同需求。此外，教师还需要具备较强的沟通能力和跨文化交际能力，能够在课堂上营造开放和包容的学习氛围，激发学生的学习热情和参与积极性。

在交际教学阶段，学生的学习方式也发生了显著变化。他们不再只是被动地接受知识，而是通过参与各种互动活动，主动学习和应用语言知识。通过角色扮演、小组讨论和模拟对话等活动，学生能够在真实情境中进行语言实践，提高语言运用能力。这种学习方式不仅提高了学生的语言水平，还培养了他们的社交能力和跨文化交际能力。交际教学模式的实施还促进了学生的综合素质发展。通过参与各种课堂活动，学生的团队合作能力、批判性思维和解决问题的能力得到了显著提高。此外，交际教学强调学生在真实情境中的语言应用，使得他们在实际生活中能够更加自信和流利地使用英语进行交流。这种综合素质的提升，不仅有助于学生在学术上的成功，还为他们未来的职业发展和个人成长奠定了坚实的基础。

三、任务型教学阶段

进入 21 世纪，任务型教学模式逐渐成为大学英语教学的主流。这一教学模式强调学生通过完成具体任务来达到语言学习的目标。任务型教学以任务为导向，旨在通过实际操作和实践活动使学生在完成任务的过程中运用所学的语言知识，并培养解决问题和合作的能力。在任务型教学阶段，课堂活动的设计围绕具体的任务展开。教师通过设置各种具有实际意义的任务，让学生在完成任务的过程中进行语言实践。例如，教师可以设计一些情景任务，如模拟会议、项目报告、市场调查等，学生需要在这些任务中运用英语进行交流和合作。通过完成这些任务，学生不仅能够巩固语言知识，还能提高实际运用能力。

任务型教学模式的一个重要特点是它强调学生的主动参与和自主学习。在这一模式下，学生不再是被动地接受知识，而是通过参与任务来主动学习和应用语言知识。教师在课堂上扮演指导者和组织者的角色，帮助学生理解任务要求并提供必要的支持。学生在完成任务的过程中，需要自主解决问题、进行合作和交流，这有助于培养他们的自主学习能力和团队合作精神。为了更好地实施任务型教学，教师在任务设计上需要考虑任务的真实性和可操作性。任务应与学生的实际生活和学习需求相关，具有实际意义和挑战性。例如，教师可以设计一些与学生专业相关的任务，如撰写商业计划书、进行市场分析、准备产品展示等，让学生在完成这些任务的过程中，运用专业知识和语言技能。此外，任务的设计还应考虑学生的语言水平和能力，确保任务的难度适中，既能激发学生的兴趣，又能保证他们在完成任务过程中获得成就感。

在任务型教学中，评价不仅关注任务的最终结果，还注重学生在完成任务过程中的表现和进步。教师通过观察学生的任务完成情况、进行个别指导和反馈，帮助学生不断改进和提升。此外，教师还可以通过小组讨论、任务展示等形式，让学生相互评价和反馈，促进学生之间的合作和交流，提高学习效果。通过完成各种具有实际意义的任务，学生能够将所学的语言知识运用于实际情境中，提高语言运用能力和解决问题的能力。例如，在一个模拟市场调查的任务中，学生需要进行问卷设计、数据收集和分析，并用英语撰写报告和进行口头展示。这一过程中，学生不仅巩固了语言知识，还提高了数据处理和分析能力。

通过完成各种任务，学生在学习语言的同时，还能培养其他方面的能力，如信息收集与处理、团队合作、时间管理等。这些能力对于学生的未来发展具有重要意义，能够帮助他们更好地应对职场和社会的挑战。[①] 为了确保任务型教学的有效实施，教

---

① 梁惠梅. 英语专业课程思政教学评价原则与实施策略［J］. 湖北开放职业学院学报，2023，36（22）：84-85.

师需要具备较强的任务设计和组织能力。教师在设计任务时，需要充分考虑任务的实际意义和学生的需求，并确保任务的难度和挑战性适中。此外，教师还需要在课堂上提供必要的指导和支持，帮助学生理解任务要求并顺利完成任务。同时，教师还应注重过程性评价和反馈，及时发现和解决学生在任务完成过程中的问题，帮助他们不断改进和提升。

四、多媒体技术应用阶段

随着科技的迅猛发展，多媒体技术在大学英语教学中得到了广泛应用。这一阶段的教学模式大大丰富了课堂教学的内容，通过视频、音频、网络资源等多种方式来呈现语言材料，有效提高了学生的学习兴趣和参与度，并显著增强了教学效果。在多媒体技术应用阶段，教师能够利用各种多媒体资源来设计和实施更加生动有趣的教学活动。例如，通过播放英语原版电影、电视剧、新闻片段等视频资料，学生能够在真实的语言环境中学习和感受英语的实际应用。这些视频资料不仅能够提供丰富的语言输入，还能够让学生了解英语国家的文化背景，增强他们的文化理解力和跨文化交际能力。此外，音频资源如英语广播、播客等，也为学生提供了大量的听力练习材料，帮助他们提高听力理解能力。

多媒体技术的应用，使得大学英语课堂的教学手段更加多样化和灵活。教师可以利用多媒体课件、电子白板、在线学习平台等工具，设计丰富多彩的课堂活动。例如，教师可以通过多媒体课件展示生动的图片、动画和图表，帮助学生理解和记忆抽象的语言知识。此外，教师还可以利用在线学习平台，发布学习任务和材料，组织学生进行在线讨论和交流，开展形式多样的语言实践活动。这些多样化的教学手段，不仅提高了课堂教学的互动性和趣味性，还促进了学生的自主学习和协作学习。学生不再局限于传统的课本和课堂，而是可以通过多种渠道获取和学习语言知识。例如，学生可以利用网络资源，观看英语视频、阅读英语新闻、参与在线英语学习社区等，进行自主学习和拓展学习。这种多元化的学习方式，不仅拓宽了学生的学习渠道，还提高了他们的学习自主性和积极性，使他们能够根据自己的兴趣和需求，选择适合自己的学习材料和方式。

教师可以利用多媒体工具，设计和实施各种形式的测试和评估，如在线测验、语音评估、视频展示等,通过多种方式对学生的学习成果进行评价。此外,教师还可以利用网络平台,及时收集和分析学生的学习数据,了解他们的学习情况和问题,并及时提供个性化的指导和反馈,帮助学生不断改进和提升学习效果。教师的教学能力和课堂管理也得到了显著提升。教师需要不断学习和掌握各种多媒体教学工具和技术,提升自己的信息素养和教学技能,以更好地适应现代化的教学环境。例如,教师需要熟练掌握多媒体课件的制作和使用技巧,能够灵活运用各种网络资源和平台,设计和实施丰富多彩的课堂活动。此外,教师还需要具备较强的课堂管理能力,能够有效组织和引导学生的学习活动,确保多媒体教学的顺利进行和高效开展。

通过多媒体工具,教师可以根据学生的不同需求和特点,设计和实施个性化的教学方案。例如,教师可以利用在线学习平台,发布针对性强的学习任务和材料,为不同水平和兴趣的学生提供个性化的学习支持。此外,教师还可以通过多媒体工具,及时了解和分析学生的学习情况,进行个别化的指导和帮助,帮助学生克服学习困难,提升学习效果。

五、个性化教学模式探索阶段

近年来,随着教育理念的不断更新,个性化教学模式在大学英语教学中逐渐受到重视和探索。个性化教学模式强调根据学生的不同特点和需求,提供定制化的学习体验,以满足学生多样化的学习需求,提升学习效率和效果。在个性化教学模式探索阶段,教师开始采用分层教学的方法,根据学生的语言水平和学习能力,将学生分成不同层次的小组,分别进行针对性的教学活动。例如,对于语言基础较弱的学生,教师可以设计一些基础性的学习任务,帮助他们夯实语言基础;而对于语言能力较强的学生,则可以设置一些挑战性更大的任务,激发他们的学习兴趣和潜力。通过分层教学,学生能够在适合自己的层次上进行学习,避免了"吃不饱"或"吃不了"的情况,提高了学习效果。

教师可以根据学生的兴趣、需求和学习目标,设计多样化的学习任务。例如,对于对文学感兴趣的学生,可以安排他们阅读和分析英语文学作品;而对于对商务英语感兴趣的学生,则可以设置一些商业案例分析和报告撰写任务。通过个性化任务设置,学生能够在自己感兴趣的领域内进行深度学习,增强学习动力和积极性,同时也能更好地掌握语言知识和技能。通过在线学习平台和智能学习系统，教师可以为学生提供个性化的学习资源和学习计划。例如，学生可以通过在线平台进行自我评估，了解自己的学习水平和薄弱环节，并根据评估结果，获得针对性学习建议和资源。此外，智能学习系统还可以根据学生的学习进度和表现，自动调整学习计划和任务，确保每个学生都能够得到适合自己的学习支持和指导。

个性化教学模式的实施，对教师的教学能力和教学设计提出了更高的要求。此外，教师还需要具备良好的沟通和互动能力，能够与学生进行有效交流和反馈，了解他们的学习情况和需求，及时调整教学策略，提供个性化的支持和帮助。通过个性化的学习任务和资源，进行主动学习和自主学习。通过参与各种个性化的学习活动，学生能够在自己的兴趣领域内，进行深度探索和实践，提高学习效率和效果。同时，个性化教学模式还强调学生的自我管理和自我反馈能力，鼓励学生制定自己的学习目标和计划，进行自我评估和反思，培养自主学习能力和终身学习意识。

为了确保个性化教学模式的顺利实施，学校需要提供充足的资源和支持。例如，学校可以建立和完善在线学习平台和智能学习系统，为教师和学生提供丰富的教学资源和学习工具。此外，学校还可以组织教师进行专业培训，提升教师的个性化教学能力和信息技术应用能力，确保教师能够有效实施个性化教学方案。同时，学校还可以通过教学研究和实践，探索和总结个性化教学的有效方法和策略，不断完善和优化个性化教学模式。传统的评价方式往往以统一的考试成绩为主，难以全面反映学生的个性化学习成果。评价应更加多元化和个性化。例如，教师可以采用过程性评价、表现性评价等多种方式，对学生的学习过程和表现进行全面评价。同时，教师还可以鼓励学生进行自我评价和同伴互评，帮助学生发现自己的优势和不足，不断改进和提升。

第三节 新时代要求下的大学英语课堂模式创新理念

一、智能课堂理念：融合科技与教学

在新时代的教育背景下，大学英语课堂的智能化已经成为不可忽视的发展趋势。智能课堂理念通过融合先进的科技手段，将教学与现代技术深度结合，旨在提升教学

效果和学生的学习体验。通过引入人工智能、虚拟现实和大数据分析等技术，教师可以为学生提供个性化的学习路径和实时的学习反馈。借助人工智能，教师可以通过学习管理系统监控学生的学习进度和掌握情况，进而为每个学生量身定制学习计划。这种个性化的教学模式，不仅可以激发学生的学习兴趣，还能有效提高他们的学习效率。此外，智能学习系统还能够根据学生的学习数据，自动调整学习内容和难度，从而帮助学生在合适的挑战中不断进步，逐步掌握语言知识。

通过虚拟现实技术，学生可以身临其境地进入一个全英语的学习环境，无论是模拟日常生活场景，还是进入专业领域的实践场所，虚拟现实都能为学生提供真实的语言学习体验。这种沉浸式的学习方式，不仅可以提高学生的语言应用能力，还能增强他们的跨文化交际意识和能力。通过在虚拟环境中进行实践，学生可以更加自信地运用所学语言，达到事半功倍的学习效果。通过对学生学习行为和学习成果的数据分析，教师可以获得精准的教学反馈，了解学生在学习过程中遇到的困难和问题。基于这些数据，教师可以及时调整教学策略，优化教学内容，从而提高整体教学效果。大数据分析不仅可以帮助教师更好地了解学生的需求，还能为学校的教学决策提供科学依据，推动教育改革的深入发展。

通过科技手段，学生不仅可以与教师进行实时互动，还可以与同学之间进行协作学习。例如，通过在线讨论平台，学生可以分享学习心得、提出问题并共同探讨解决方案。这种互动和协作的学习方式，不仅可以增强学生的学习动力，还能培养他们的团队合作精神和批判性思维能力。

二、跨学科整合理念：综合素质培养

大学英语课堂作为培养学生综合素质的重要阵地，应积极践行跨学科整合的理念，培养学生的多元能力。首先，英语教学可以通过与国际关系相结合，让学生在学习语言的同时，了解世界政治、经济和文化的发展动态。例如，教师可以安排学生阅读与国际关系相关的英文文献，并组织讨论和辩论，鼓励学生用英语表达自己的见解和观点。这种方式不仅提升了学生的英语水平，还开阔了他们的国际视野，使他们能够更好地理解和应对全球化带来的挑战。通过学习英语文学、电影、音乐等文化作品，学生不仅能够提高语言能力，还能深入理解不同文化背景下的人文思想和价值观。教师可以设计跨文化交流的任务，让学生通过查阅资料、观看影片、分析文本等方式，比较和探讨不同文化的异同。在这个过程中，学生不仅提升了语言表达能力，还增强了文化敏感性和跨文化交流能力，为他们将来在国际舞台上展示才华打下坚实基础。

将英语与商业管理相结合，可以有效培养学生的实际应用能力和职业素养。教师可以通过案例分析、模拟商务谈判、撰写商业计划书等实践活动，帮助学生掌握专业术语和商务沟通技巧。例如，让学生用英语撰写和演示商业计划，不仅提升了他们的语言运用能力，还培养了他们的商业思维和团队合作精神。这种跨学科的教学模式，能够让学生在实践中学以致用，提升综合素质和职业竞争力。跨学科整合还可以通过项目式学习来实现。教师可以设计跨学科的综合项目，要求学生在完成项目的过程中，综合运用英语和其他学科的知识。例如，设计一个关于环境保护的项目，学生需要查阅相关文献、撰写报告、制作展示，并进行英语演讲。学生不仅要运用英语表达自己的研究成果，还需要运用科学、社会学等学科的知识，分析和解决实际问题。通过这样的项目，学生能够在真实的情境中应用所学，提升跨学科的综合能力和解决复杂问题的能力。

三、实践导向理念：任务型教学

大学英语课堂需要更加强调实践导向的任务型教学。这种教学模式旨在通过真实情境下的任务和项目，培养学生的实际语言运用能力。例如，教师可以设计模拟国际会议的任务，让学生在扮演不同国家代表的过程中，用英语进行讨论和决策。这种方式不仅能提升学生的英语表达能力，还能增强他们的跨文化交流能力和国际视野。教师可以安排学生与来自不同国家的学生进行在线交流，合作完成一些具体任务。比如，学生可以共同制作一个关于环境保护的报告，并用英语进行展示和讨论。学生不仅要运用英语进行沟通，还要了解和尊重不同文化的背景和习惯，培养跨文化理解和合作的能力。

商业计划书的撰写也是一种有效的任务型教学方法。教师可以要求学生分组完成一份商业计划书，从市场调研、财务分析到最终的计划书撰写和演示，整个过程都需要用英语进行。例如，学生在撰写商业计划书时，需要进行大量的市场调研和数据分析，用英语撰写报告，并在课堂上进行演示和答辩。这一系列的实践活动，不仅提升了学生的英语水平，还增强了他们的实际应用能力和职业素养。此外，任务型教学还可以通过设计各种情景模拟活动来实现。例如，教师可以设计一个模拟求职面试的任务，让学生扮演求职者和面试官，进行英语面试。这不仅帮助学生熟悉了求职面试的流程和技巧，还提高了他们的英语口语表达能力和自信心。通过这种模拟活动，学生能够在真实的情境中应用所学知识，提高实际运用能力。例如，设计一个关于城市规划的项目，学生需要进行实地调研、撰写报告、制作展示，并用英语进行演讲。学生不仅要运用英语进行表达，还需要运用地理、社会学等学科的知识。同时，教师还可以利用现代信息技术，设计一些线上任务型教学活动。例如，通过在线学习平台，教师可以布置一些需要学生独立完成的任务，如撰写英语博客、制作英语视频等。这些任务不仅可以灵活安排学生的学习时间，还能提高学生的自主学习能力和创造力。例如，学生可以用英语撰写关于某一社会热点问题的博客，并在平台上与其他学生进行讨论和交流，通过这种方式，提高他们的英语写作能力和批判性思维能力。

四、跨文化理解理念：交际能力培养

在现代社会，跨文化理解和交际能力成为大学生必须具备的重要素质。大学英语教学应高度重视这一能力的培养，通过多样化的教学活动和资源，让学生深刻理解不同文化的特点和差异。首先，教师可以组织跨文化交流活动，安排学生与来自不同文化背景的同龄人进行在线交流或线下互动。这种活动不仅能增强学生的英语口语能力，还能让他们在真实交流中体会不同文化的思维方式和行为习惯。通过专家的讲解，学生能够了解到更多关于其他国家和文化的第一手资料。例如，一位来自美国的学者可以介绍美国的教育体系和社会风俗，而一位来自日本的专家则可以讲述日本的职场文化和礼仪规范。这样的讲座不仅丰富了学生的知识，还拓宽了他们的国际视野，使他们对不同文化有了更深入的理解和认同。

利用多媒体资源展示不同国家的文化习俗，是培养学生跨文化理解能力的有效途径。教师可以通过播放电影、纪录片、音乐视频等多种形式，展示世界各地的文化特色和生活方式。例如，观看一部关于印度节日的纪录片，学生可以了解印度的宗教信仰和传统习俗；通过欣赏非洲的音乐视频，学生可以感受到非洲文化的独特魅力。这些多媒体资源，不仅生动形象地呈现了不同文化，还能激发学生的学习兴趣，增强他们的文化敏感性和理解力。教师可以设计一些跨文化情境的角色扮演活动，让学生在模拟的环境中体验和处理跨文化交流中的实际问题。例如，在模拟国际商务会议的活动中，学生需要用英语与来自不同国家的"代表"进行谈判和合作。这种模拟活动不仅锻炼了学生的语言表达能力，还让他们学会在跨文化交流中如何有效沟通和解决问题。

教师可以安排学生组成小组，选择一个特定国家或地区进行深入研究，了解其文化、历史、社会制度等方面的内容。通过查阅资料、采访相关人士、撰写报告并进行展示，学生不仅深化了对所研究文化的理解，还培养了团队合作和独立研究的能力。例如，一个小组可以选择研究巴西的狂欢节文化，从历史渊源、节日活动到社会影响，全面了解这一节日的文化意义并用英语进行汇报。例如，通过国际在线学习平台，学生可以与全球各地的同龄人进行实时讨论，分享彼此的文化和观点。这种在线交流，不仅打破了时空的限制，还为学生提供了一个开放、多元的学习环境，提升了他们的跨文化交际能力和全球视野。例如，通过与不同国家的学生共同完成一个项目，学生可以在合作中了解彼此的文化背景和思维方式，培养跨文化团队合作能力。

五、数据驱动理念：教学决策与评估

大学英语课堂亟须借助大数据技术，实现数据驱动的教学决策与评估。教师可以通过学习分析技术，实时监测和分析学生的学习数据。这种方法不仅可以帮助教师了解学生的学习进展，还能及时发现学生在学习过程中遇到的问题。例如，通过对学生课堂表现、作业提交和考试成绩的数据分析，教师可以清晰地看到哪些知识点学生掌握得较好，哪些部分仍需加强，从而有针对性地调整教学计划和策略。教师可以根据学生的数据表现，制定个性化的教学方案，满足不同学生的学习需求。例如，对于学习进度较快的学生，可以提供更加深入和扩展的学习内容；对于学习较为困难的学生，则可以提供更多的辅导和支持。这种差异化的教学方式，不仅能够提高教学效果，还能激发学生的学习兴趣和主动性，使他们在各自的学习道路上取得更好的成绩。

传统的评估方式往往过于依赖期末考试，难以全面反映学生在整个学习过程中的表现。而通过过程性评价、表现性评价和自我评价等多种方式，教师可以更全面地了解学生的语言能力和综合素质。例如，通过过程性评价，教师可以记录和分析学生在课堂讨论、作业完成和小组合作中的表现，及时给予反馈和指导；表现性评价则可以通过观察学生在实际语言运用中的表现，如演讲、辩论和模拟活动等，来评估他们的语言应用能力。通过让学生自我反思和评估自己的学习过程和效果，不仅可以提高他们的自我认识和自我管理能力，还能促使他们积极参与到学习和评估中来。例如，学生可以通过填写学习日志和反思报告，记录自己在学习中的收获和困惑，从而帮助教师更好地了解他们的学习状态和需求。这种参与式的评估方式，不仅能够增强学生的学习自主性，还能为教师提供宝贵的反馈信息，进一步优化教学策略和方法。

通过对历年学生学习数据的综合分析，教师可以发现教学中的规律和趋势，从而对教学效果进行科学评估和改进。例如，通过对不同教学方法、教材和评估方式的效果分析，教师可以找到最适合自己学生群体的教学模式和策略，持续提升教学质量和效果。通过公开和共享学生的学习数据和评估结果，教师、学生和家长可以共同参与到教学评估中来，形成良性的互动和反馈机制。例如，通过在线平台，教师可以随时查看学生的学习数据，学生可以了解自己的学习进展和问题，家长也可以及时了解和支持学生的学习。这种透明化的评估方式，不仅可以提高教学的公平性和公信力，还能增强学生和家长对教学过程的信任和支持。

六、混合学习理念：灵活多样的学习模式

为了适应学生多样化的学习需求，新时代的大学英语课堂需要探索灵活多样的混合学习模式。教师可以通过结合线上和线下的教学资源，设计丰富多彩的学习体验。这种方式能够充分利用现代科技手段，提高教学的灵活性和效率。例如，教师可以在课堂上组织互动性强的讨论和活动，让学生在面对面的交流中增强口语表达和思辨能力，并将知识传授和练习安排在线上平台进行，使学生能够自主安排学习时间和进度。混合学习模式可以通过线上学习平台提供大量的学习资源，满足学生个性化的学习需求。教师可以在平台上上传课程视频、电子教材、练习题库等，让学生根据自己的学习进度和兴趣进行选择和学习。例如，对于某些语法知识或阅读技巧的学习，学生可以通过观看教学视频进行自学，然后通过在线练习进行巩固。这种方式不仅提高了学习的自主性，还能够使学生在遇到困难时随时回看教学视频，反复学习，直至掌握为止。

教师可以利用线上平台的互动功能，设计各种有趣的学习活动和任务，例如在线小组讨论、角色扮演、模拟面试等。通过这些活动，学生不仅可以在轻松有趣的氛围中学习英语，还能够提高他们的实际应用能力和团队合作精神。例如，在模拟面试的任务中，学生需要用英语进行自我介绍和回答问题，这不仅锻炼了他们的语言表达能力，还增强了他们的自信心和应变能力。通过线上平台，教师可以及时了解学生的学习进展和问题，给予个性化的指导和反馈。例如，学生在完成在线作业后，可以通过平台向教师提问，教师也可以根据学生的表现，提供具体的建议和改进措施。这种实时互动和个性化反馈，有助于学生在学习过程中不断改进和提高，同时也增强了师生之间的沟通和理解。

混合学习模式可以有效整合校内外的学习资源，拓宽学生的学习视野。教师可以通过邀请外部专家进行在线讲座，或组织学生参加国际学术交流活动，让学生有机会接触到更多元的知识和文化。例如，一位来自英国的学者可以通过在线讲座，介绍英国的文化和社会制度，学生在听讲座的过程中，不仅学习了英语，还增加了对英国文化的了解。这种资源整合，不仅丰富了教学内容，还增强了学生的国际视野和跨文化交流能力。混合学习模式能够提供更多的学习评价方式，全面反映学生的学习效果。除了传统的考试和作业，教师还可以通过线上平台进行过程性评价和表现性评价。例如，学生可以通过在线提交学习日志，记录自己的学习过程和心得，教师可以根据学生的日志进行评估和反馈；同时，学生在参与线上讨论和活动中的表现，也可以作为评估的一部分。这种多样化的评价方式，能够全面反映学生的学习进展和能力，促进他们的全面发展。

七、社会责任理念：全球视野的培养

新时代的大学英语教学承担着培养学生社会责任感和全球视野的重任。教师可以通过课堂讨论全球性问题和社会热点话题，激发学生的社会责任感和全球意识。例如，教师可以引导学生探讨环境保护的紧迫性，分析全球气候变化带来的影响。这不仅让学生了解了环境问题的严重性，还培养了他们的环保意识和责任感。教师可以选择有关社会不平等、贫困、教育机会等话题，开展深度讨论和辩论。例如，通过讨论教育公平，学生可以了解到全球不同地区教育资源的分配差异，激发他们对社会公平的关注和思考。这种讨论不仅提高了学生的英语表达能力，还增强了他们的社会责任感和批判性思维能力。

教师可以通过分析国际新闻、研究国际组织的作用等方式，让学生了解当今世界的国际关系和政治格局。例如，通过讨论联合国在维护世界和平中的作用，学生可以了解到国际合作的重要性和复杂性，增强他们的全球视野和国际理解能力。这种教学方式，不仅拓宽了学生的知识面，还培养了他们的国际意识和跨文化交流能力。教师还可以鼓励学生参与社会实践和志愿服务，通过实际行动践行社会责任。例如，组织学生参与社区服务活动，如帮助弱势群体、参与环保行动等，让他们在实际行动中体会到社会责任的意义和价值。例如，在参与社区清洁活动时，学生不仅为社区环境的改善作出了贡献，还增强了他们的社会责任感和团队合作精神。这种实践活动，不仅是课堂学习的延伸，更是学生人格和社会责任感培养的重要途径。

教师可以通过国际志愿服务项目，进一步拓宽学生的国际视野。例如，鼓励学生参加国际志愿者项目，到其他国家和地区参与教育、医疗、环保等领域的志愿服务，学生可以亲身体验不同文化的生活方式，了解当地社会的实际情况，增强跨文化理解和适应能力。例如，参与非洲的教育援助项目，学生不仅可以提高英语沟通能力，还能深入了解非洲国家的教育现状和社会问题，从而培养全球视野和国际责任感。例如，通过视频会议平台，组织学生与其他国家的学生共同讨论全球性话题，分享各自的观点和见解。这种跨国界的交流，不仅提高了学生的英语表达能力，还让他们在互动中体会到多元文化的魅力，增强全球意识和跨文化交流能力。

教师可以设计与社会责任相关的英语学习任务和项目。例如，要求学生撰写关于全球热点问题的英语报告，进行演讲和展示。通过这些任务，学生可以深入研究全球性问题，提高分析和解决问题的能力。例如，学生可以选择撰写关于全球水资源短缺问题的报告，通过查阅资料、数据分析和实地调研，提出解决方案并进行英语展示。这种任务不仅提高了学生的研究能力和英语表达能力，还增强了他们的社会责任感和全球视野。

第二章　大学英语课堂模式设计与构建

第一节　大学英语课堂模式设计的原则与方法

一、大学英语课堂模式设计的原则

（一）以学生为中心的原则

在设计大学英语课堂模式时，最重要的原则之一是以学生为中心。这一原则要求课堂设计应充分考虑学生的需求、兴趣和学习特点，并围绕这些因素进行调整。教师应鼓励学生积极参与课堂活动，并促进他们的自主学习，以提高学习效果和学生的综合素质。以学生为中心的课堂设计强调尊重学生的个体差异。每个学生的学习进度、兴趣点和学习方式都不尽相同，因此，教师在设计课堂时，应尽量满足不同学生的需求。通过多样化的教学方法和个性化的学习资源，教师可以为学生提供适合他们的学习环境，确保每个学生都能在课堂上获得最大程度成长和发展。

在这种教学模式下，教师不再是知识的唯一传授者，而是学生学习的引导者和支持者。教师应鼓励学生制定自己的学习目标和计划，并提供必要的指导和资源，帮助他们实现这些目标。通过自主学习，学生能够更好地掌握学习的主动权，培养独立思考和解决问题的能力。为了更好地实现以学生为中心的教学理念，教师需要不断关注学生的反馈和需求。[①] 课堂上，教师应积极与学生互动，了解他们的学习情况和感受，及时调整教学内容和方法。例如，教师可以通过问卷调查、课堂讨论和个别交流等方

---

① 李捷，陈新仁. 大学英语词汇教学的选例原则 [J]. 江苏外语教学研究，2023（03）：5-10.

式，收集学生的反馈意见，根据学生的需求和建议，进行教学改进和优化。这样，学生不仅能够感受到教师的关心和支持，还能增强他们的学习积极性和参与度。

以学生为中心的教学模式还需要教师具备较强的教学设计能力和灵活应变的能力。教师应根据不同的教学内容和学生特点，设计多样化的课堂活动和学习任务。例如，在教授语法知识时，教师可以设计互动性强的游戏和练习，帮助学生在轻松愉快的氛围中掌握知识；在进行阅读教学时，教师可以选择学生感兴趣的文章和话题，激发他们的阅读兴趣和热情。通过这些多样化的教学设计，教师可以更好地满足学生的学习需求，提升课堂教学效果。为了确保以学生为中心的教学模式能够顺利实施，学校也应提供相应的支持和资源。例如，学校可以提供丰富的教学资源和设施，如多媒体教室、在线学习平台、图书馆资源等，帮助教师和学生更好地进行教学和学习。

在以学生为中心的课堂设计中，教师还应注重培养学生的合作学习能力和团队精神。通过小组讨论、合作项目和团队活动等形式，教师可以帮助学生在合作中学习和成长。这不仅有助于提高学生的语言能力，还能培养他们的团队合作意识和能力，为未来的学习和工作打下良好的基础。以学生为中心的课堂设计还应注重学生的全面发展。除了语言能力的培养，教师还应关注学生的情感、态度和价值观的培养。例如，教师可以通过讨论社会热点话题、组织文化交流活动等方式，帮助学生了解不同文化的特点和价值观，增强他们的跨文化意识和全球视野。同时，教师还应鼓励学生参与社会实践和志愿服务，培养他们的社会责任感和服务意识。

（二）实践导向的原则

实践导向的原则强调语言的实际应用，通过丰富的课堂活动让学生在真实情境中运用语言知识，从而提升他们的沟通能力和语言运用能力。实践导向的课堂设计需要引入各种实践任务，如角色扮演。这种活动能够模拟真实生活中的对话场景，让学生在特定的角色中使用英语进行交流。例如，学生可以扮演顾客和服务员、医生和病人等角色，通过对话练习，熟悉实际生活中的英语表达。这不仅有助于他们掌握语言知识，还能提高他们的语言表达能力和应变能力。通过创造逼真的语言使用情境，学生可以在课堂上模拟实际生活中的各种场景，如购物、点餐、旅游等。教师可以设计具体的情景任务，让学生在完成任务的过程中使用英语进行沟通和交流。这种方式能够有效地将语言知识应用于实践，帮助学生在真实情境中提高语言运用能力。

小组讨论是另一种实践导向的课堂活动，通过讨论，学生可以就某一主题进行深入交流，表达自己的观点和意见。小组讨论不仅可以增强学生的语言表达能力，还能培养他们的批判性思维和合作精神。在小组讨论中，学生需要倾听他人的意见，进行反驳和辩论，从而在互动中提高语言能力和沟通技巧。项目报告也是实践导向课堂设计的重要组成部分。教师可以布置一些与学生专业或兴趣相关的项目任务，让学生通过查找资料、撰写报告和进行口头展示来完成任务。在这一过程中，学生不仅需要运用英语进行写作和口头表达，还需要进行信息收集和分析。这种综合性的任务能够全面提升学生的语言运用能力和综合素质。

实践导向的课堂活动还可以包括各种真实情景中的实地任务。例如，教师可以组织学生进行社区调查、文化体验或企业参观等活动，让学生在实际生活中使用英语进行交流和实践。这些活动不仅能够让学生在真实环境中锻炼语言能力，还能加深他们对不同文化和社会现象的理解，增强跨文化交际能力。为了更好地体现实践导向的原则，教师需要具备较强的课堂设计和组织能力。教师应根据教学内容和学生的实际情况，设计多样化的实践任务和活动，确保每个学生都能积极参与并从中受益。此外，教师还需要提供必要的指导和支持，帮助学生克服在实践中遇到的困难和挑战，确保实践活动的顺利进行和有效实施。

教师应通过观察和记录学生在实践活动中的表现，及时给予反馈和指导。同时，教师还可以采用多种评价方式，如自评、互评和教师评等，全面评价学生的学习成果和进步。这种多元化的评价方式不仅能够全面反映学生的学习效果，还能激发他们的学习积极性和参与热情。在实践导向的课堂设计中，教师还应注重培养学生的自主学习和反思能力。通过实践任务和活动，学生不仅要运用语言知识进行实际操作，还要进行反思和总结，发现自己的不足和改进之处。教师可以鼓励学生记录学习日志、撰写反思报告等，帮助他们在反思中不断提高语言能力和学习效果。例如，学校可以提供丰富的实践教学资源和设施，如多功能教室、语言实验室、实习基地等，帮助教师和学生更好地进行实践教学和学习。此外，提升教师的实践教学能力和专业素养，确保教师能够有效实施实践导向的教学理念。

(三) 多样化教学的原则

多样化教学的原则旨在通过多样化的教学方法和手段，适应不同学生的学习风格和需求，从而提升教学效果和学生的学习体验。多样化教学的原则要求教师结合多种教学方法，如讲授、讨论、合作学习和任务驱动等，丰富课堂内容和形式。讲授法是一种传统但有效的教学方式，教师可以通过系统讲解，将知识条理清晰地传授给学生。然而，仅靠讲授法难以满足所有学生的需求，因此，教师需要在讲授之外，增加更多互动性强的教学方法。

教师可以通过设计小组活动和合作项目，促进学生之间的互动和合作。例如，小组讨论、角色扮演和团队项目等活动，不仅可以增强学生的语言表达能力，还能培养他们的团队合作精神和解决问题的能力。通过合作学习，学生可以在相互学习和帮助中，共同提高语言水平和综合素质。教师可以设计一些与学生实际生活和专业相关的任务，运用所学的语言知识。例如，撰写项目报告、进行市场调查、模拟国际会议等任务，可以让学生在实际操作中巩固知识，提高语言运用能力和实际沟通能力。任务驱动教学不仅可以激发学生的学习兴趣和主动性，还能帮助他们将语言知识应用于实际情境中，增强学习的实用性和针对性。

多样化教学的原则还要求教师利用多媒体技术和网络资源，提供丰富的学习材料和互动平台。多媒体技术如视频、音频、动画等，可以为学生提供生动直观的语言输入，增强他们的学习兴趣和记忆效果。例如，教师可以播放英语原版电影、电视剧、新闻片段等，让学生在真实的语言环境中，学习和感受英语的实际应用。此外，网络资源如在线学习平台、学习社区等，为学生提供了更多自主学习和互动交流的机会，拓宽了他们的学习渠道和方式。利用多媒体技术和网络资源，还可以增强教学的灵活性和吸引力。教师可以根据学生的不同需求和兴趣，选择和设计适合的学习材料和活动。例如，教师可以发布多样化的学习任务和资源，组织学生进行在线讨论和协作学习。同时，教师还可以通过网络平台，及时收集学生的学习数据和反馈，进行个性化的指导和支持。这种灵活多样的教学方式，不仅可以满足不同学生的学习需求，还能提高他们的学习效率和效果。

多样化教学的实施，对教师的教学能力和素质提出了更高的要求。教师需要具备较强的教学设计和组织能力，能够根据教学内容和学生的实际情况，灵活运用各种教学方法和手段，设计和实施多样化的课堂活动。同时，教师还需要不断学习和掌握各种多媒体技术和网络工具，确保能够有效利用这些技术和资源，优化教学过程和效果。例如，学校可以为教师提供多媒体教室、在线学习平台、丰富的教学资源库等，帮助教师更好地进行多样化教学。

多样化教学的原则还要求教师关注学生的个体差异和需求，进行个性化的教学设计和指导。例如，教师可以根据学生的学习风格和兴趣，设计和安排不同的学习任务和活动，满足学生的个性化学习需求。同时，教师还可以通过个别辅导和反馈，帮助学生克服学习中的困难和问题，提升他们的学习效果和信心。

（四）互动与合作的原则

互动与合作的原则强调师生之间以及学生之间的互动与合作，以营造积极、开放的学习氛围。通过这种互动与合作，学生能够更好地理解和掌握语言知识，提高学习效果和语言运用能力。教师在课堂上应鼓励学生积极参与讨论和互动。这种参与不仅能够激发学生的学习兴趣，还能帮助他们更好地理解和内化所学知识。例如，在教授新词汇时，教师可以设计小组讨论或角色扮演活动，让学生在实际情境中运用这些词汇。通过这种互动方式，学生不仅能加深对词汇的理解，还能提高语言表达能力和自信心。

学生可以在团队中互相帮助，共同完成学习任务。教师可以设计各种小组活动，如项目报告、案例分析、角色扮演等，让学生在合作中学习和成长。这种合作学习不仅能够培养学生的团队精神和合作能力，还能增强他们的沟通技巧和问题解决能力。在合作学习中，学生可以分享彼此的经验和观点，从而促进共同进步和发展。为了更好地实施互动与合作，教师需要注重课堂管理和活动设计。例如，教师可以安排小组讨论和阅读报告，让学生在讨论中分享他们的阅读心得和理解；在进行口语训练时，教师可以设计角色扮演和模拟对话活动，让学生在实际情境中练习口语表达。通过这些活动，学生能够在互动中巩固知识。

互动与合作不仅限于课堂内，还可以延伸到课外。教师可以通过组织课外活动，如英语角、文化交流活动等，提供更多的互动和合作机会。例如，教师可以组织学生参加英语演讲比赛、辩论赛等活动，让学生在实际比赛中锻炼语言能力和应变能力；还可以组织跨文化交流活动，让学生与来自不同国家的同学进行交流和互动，增强他们的跨文化理解和沟通能力。为了确保互动与合作的原则能够顺利实施，教师还应注意与学生的沟通和反馈。教师可以通过问卷调查、课堂观察、个别交流等方式，了解学生的学习情况和需求，根据学生的反馈及时调整教学方法和策略。例如，教师可以根据学生的兴趣和需求，设计更加有针对性互动和合作活动，提升学习效果和信心。

教师需要在课堂上营造积极、开放的学习氛围，鼓励学生自由表达和积极参与。同时，教师还需要善于调解和处理学生之间的矛盾和问题，确保合作学习的顺利进行。此外，教师还应不断提升自己的专业素养和教学能力，通过学习和借鉴先进的教学理念和方法，不断改进和优化课堂教学。为了更好地支持互动与合作的教学模式，学校也应提供相应的资源和支持。

（五）目标导向的原则

明确的教学目标不仅能确保教学活动有的放矢，还能帮助教师和学生评估学习效果和进度。通过设定具体、可测量且可实现的目标，教师可以引导学生有目的地进行学习，从而提高教学质量和学习效率。目标导向的课堂设计需要教师根据课程大纲和学生的实际需求，制定清晰的教学目标和任务。课程大纲提供了总体的教学框架和方向，而学生的需求则决定了具体的教学重点和内容。教师在设计每节课时，应明确这节课的学习目标，例如掌握某个语法点、提高某项语言技能或了解某个文化背景。通过设定明确的目标，学生可以清楚地知道自己在每节课中需要达到的学习成果，从而有针对性地进行学习。

为了确保教学目标的实现，教师需要将这些目标具体化和可操作化。例如，如果某节课的目标是提高学生的听力理解能力，教师可以设计一系列听力练习和任务，逐步引导学生提高听力水平。这些任务可以包括听取短文、回答问题、进行听写等，通过这些具体的活动，学生能够在实践中不断提高听力能力。同时，教师可以根据学生的表现，及时调整教学策略和内容，确保目标的实现。目标导向的原则还要求教学目标具有可测量性和可实现性。可测量的目标便于教师和学生评估学习效果和进度。例如，如果目标是掌握某个语法点，教师可以通过测验、练习题等方式，检查学生的掌握情况。如果目标是提高口语表达能力，教师可以通过课堂展示、口语测试等方式，评估学生的进步程度。通过这些可测量的目标，教师可以清楚地了解学生的学习情况，及时发现问题并进行调整和改进。

可实现的目标则是指教学目标应当合理和切合实际，既要有一定的挑战性，又不能过于困难。教师在设定目标时，应充分考虑学生的基础水平和学习能力，确保目标的可行性。例如，对于基础较弱的学生，可以设定一些基础性的目标，如掌握基本词汇和句型；对于基础较好的学生，可以设定一些较高的目标，如流利地进行英语对话或撰写较复杂的英语文章。通过设定合理的目标，教师可以激发学生的学习动力和积极性，帮助他们逐步实现学习目标。为了更好地实施目标导向的教学模式，教师需要进行科学的教学设计和教学计划。教师应根据教学目标，设计合理的教学步骤和活动，确保每个环节都围绕教学目标展开。例如，教师可以先进行讲解，然后通过练习题来巩固，再通过实际应用来检验学生的掌握情况。通过这种系统的教学设计，学生能够在循序渐进的学习过程中，不断接近和实现学习目标。

目标导向的原则还要求教师不断反思和评估教学效果，并根据评估结果进行调整和改进。例如，教师可以通过定期的测验、课堂观察、学生反馈等方式，了解学生的学习情况和教学效果。如果发现某些教学目标未能有效实现，教师应及时分析原因，并调整教学方法和内容，以更好地达到预期的教学目标。通过这种不断反思和改进，教师可以不断提高教学质量和效果，帮助学生更好地实现学习目标。在目标导向的教学模式中，学生的主动参与和自我管理也非常重要。教师应鼓励学生根据自身的需求和目标，制定个人学习计划和目标，并积极参与课堂活动和任务。通过自主设定和实现学习目标，学生可以更好地掌握学习的主动权，培养自主学习和自我管理能力。同时，教师应提供必要的指导和支持，帮助学生在实现目标的过程中克服困难和挑战，提高学习效果和自信心。

（六）跨文化意识的原则

跨文化意识不仅是学生语言能力的重要组成部分，也是他们在全球化背景下参与国际交流和合作的关键能力。因此，教师在课堂设计中应注重这一原则，通过多种方式帮助学生理解和尊重不同文化，从而增强他们的跨文化沟通能力。教师可以通过介绍英语国家的文化背景、风俗习惯和价值观念，帮助学生深入了解不同文化的特点和差异。这种文化知识的传授不仅能够增加学生对目标语言国家的了解，还能让他们认识到文化背景对语言使用的影响。例如，教师可以讲解英美文化中的节日习俗、饮食文化、社交礼仪等，让学生在学习语言的同时，了解这些文化现象背后的历史和社会背景，从而培养他们的跨文化意识。

在课堂活动中，教师还可以设计跨文化交流项目，让学生在模拟国际交流场景中练习和提高跨文化沟通能力。这些项目可以包括模拟国际会议、跨文化小组讨论、角色扮演等。例如，教师可以设置一个模拟国际会议的场景，让学生分别扮演不同国家的代表，讨论某个全球性议题。在这种模拟活动中，学生不仅需要运用英语进行交流，还要考虑各国文化的不同，学习如何在跨文化背景下进行有效沟通和合作。跨文化意识的培养还需要教师引导学生进行跨文化对比和反思。通过对比中西方文化的异同，学生可以更好地理解自己的文化和他人的文化。例如，教师可以安排一些比较性阅读材料，如中西方节日、家庭观念、教育方式等，鼓励学生进行讨论和反思。这种对比和反思不仅有助于学生加深对两种文化的理解，还能培养他们的批判性思维和文化包容意识。

为了增强学生的跨文化沟通能力，教师还可以利用多媒体资源和网络平台，提供丰富的跨文化学习材料和交流机会。例如，教师可以播放英语国家的影视作品、纪录片、新闻报道等，让学生通过观看这些材料，了解不同文化的生活方式和价值观念。此外，教师还可以组织学生与外国学生进行交流和合作，开展跨文化项目，让学生在实际交流中提升跨文化沟通能力。跨文化意识的培养不仅限于课堂内，还可以通过课外活动和实践进行延伸。例如，教师可以组织学生参加国际文化节、英语角、跨文化交流讲座等活动，让学生有更多机会接触和体验不同文化。此外，教师还可以鼓励学生参与海外留学项目或国际志愿者服务，让他们在真实的跨文化环境中，进行语言实践和文化交流，进一步提高跨文化沟通能力。

教师不仅需要具备丰富的文化知识和跨文化沟通能力，还需要具备良好的教学设计和组织能力，能够设计和实施多样化的跨文化教学活动。此外，教师还应注重与学生的互动和沟通，了解学生在跨文化学习中的困难和需求，提供必要的指导和支持，帮助学生克服跨文化交际中的障碍。例如，学校可以提供丰富的跨文化教学资源和设施，如多媒体教室、跨文化交流中心等，帮助教师和学生更好地进行跨文化学习和交流。此外，学校还可以组织教师进行跨文化教学培训，提升教师的跨文化教学能力和专业素养，确保教师能够有效实施跨文化教学策略。教师可以通过多种方式对学生的跨文化学习效果进行评价，如课堂展示、跨文化项目报告、跨文化交际能力测试等。通过这些评价方式，教师可以了解学生的跨文化学习进展，及时发现和解决问题，不断改进和优化教学方法。

（七）数据驱动的原则

利用数据分析技术，教师能够科学地进行教学决策和评估，通过收集和分析学生的学习数据，提供个性化的指导和支持，从而有效提升教学效果和学习效率。教师可以实时监测学生的学习进展和效果。例如，教师可以通过在线平台记录学生的作业提交情况、测试成绩、课堂参与度等数据，了解每个学生的学习情况。智能学习系统则可以对这些数据进行自动分析，生成详细的学习报告，帮助教师快速识别学生的学习难点和薄弱环节。

通过对学生学习数据的分析，教师可以发现哪些教学内容或方法效果较好，哪些需要改进。例如，如果某个语法点多数学生掌握得不够好，教师可以在后续课程中加强这一部分的教学，或通过补充练习和复习提高学生的掌握程度。数据分析还可以帮助教师了解不同学生的学习风格和需求，从而制定更具针对性的教学策略。教学是一个动态的过程，教师需要不断根据学生的学习反馈和进展，进行教学调整。例如，通过分析学生的测试数据，教师可以了解到学生在某些方面的共性问题，并在后续的教学中重点讲解和练习这些内容。此外，教师还可以通过数据分析了解学生的学习兴趣和习惯，设计更加吸引学生的课堂活动和任务，提高学生的学习积极性和参与度。

通过数据分析，教师可以为每个学生提供量身定制的学习建议和支持。例如，对于学习进度较快的学生，教师可以提供更具挑战性的任务和资料，帮助他们进一步提高；对于学习进度较慢的学生，教师则可以提供更多的练习和辅导，帮助他们巩固基础知识。通过这种个性化的指导，学生能够在适合自己的节奏和方式下进行学习，最大限度地提高学习效果。为了更好地实施数据驱动的教学模式，教师需要具备一定的数据分析能力和技术素养。教师应学习和掌握基本的数据分析工具和方法，能够有效地收集、整理和分析学生的学习数据；同时，教师还应不断更新和提升自己的信息技术应用能力，熟悉并善用各种在线学习平台和智能学习系统，以便更好地利用数据进行教学决策和评估。

数据驱动的原则还要求学校提供相应的技术支持和资源。例如，学校可以建立完善的在线学习平台和智能学习系统，为教师和学生提供全面的技术支持和服务。此外，学校还可以组织教师进行数据分析和信息技术应用的培训，提升教师的专业素养和教学能力，确保他们能够有效实施数据驱动的教学模式。同时，学校还应建立健全的教学评估机制，通过数据分析进行科学的教学评估和反馈，推动教学质量的不断提升。

在数据驱动的教学模式中，教师与学生的互动和反馈也非常重要。教师应通过数据分析了解学生的学习情况和需求，及时与学生进行沟通和交流，了解他们在学习中遇到的困难和问题。例如，教师可以通过线上交流平台或面谈等方式，与学生讨论他们的学习进展和目标，帮助他们制定合理的学习计划和策略。

数据驱动的教学模式不仅可以提高课堂教学的效果，还能促进学生的自主学习和自我管理。学生可以了解自己的学习进展和问题，制定改进措施和学习计划。例如，学生可以通过学习报告了解自己的优劣势，针对薄弱环节进行重点学习和练习，不断提高自己的学习水平。通过这种数据驱动的自我管理，学生能够更加主动和有效地进行学习，提升学习效果和自信心。

二、大学英语课堂模式设计的方法

（一）需求分析与目标设定

教师在开展教学工作时，需要对学生的学习背景、兴趣、需求以及当前的语言水平进行全面了解。这一过程可以通过多种方法来实现，例如问卷调查、访谈以及课堂观察。通过这些方式，教师可以收集到详细的数据，为后续的教学工作打下坚实基础。问卷调查能够系统地收集学生的基本信息、兴趣爱好和学习需求；访谈则可以更深入地了解学生的个体差异和具体情况；而课堂观察则提供了实时的教学反馈，使教师能够及时调整教学策略。了解学生的学习背景和需求之后，教师需要基于这些信息设定明确的教学目标。这些目标的设定必须具体而清晰，以便于教学过程中的指导和评价。

例如，如果学生的主要需求是提高口语表达能力，教师可以设定具体的口语练习目标，如每节课学生需完成一次小组讨论或个人演讲。这种明确的目标设定不仅有助于学生明确学习方向，还能使教师在教学过程中有的放矢，提高教学效果。

在设定教学目标时，教师应遵循 SMART 原则，即目标应具体（Specific）、可测量（Measurable）、可实现（Achievable）、相关（Relevant）和有时间限制（Time-bound）。具体的目标可以使学生清楚地知道自己需要达到什么样的标准，例如，"本周末前完成 500 字的英语作文"。这种具体化的目标设定能够有效避免模糊不清的目标，帮助学生集中精力完成任务。教师需要设计合理的评价标准和方法，以便能够客观地测量学生的学习成果。例如，通过测试、作业和课堂表现等多种方式，对学生的学习效果进行全面评估。这样不仅能够让学生看到自己的进步，还能帮助教师发现教学中的问题和不足，及时进行调整和改进。

教师应根据学生的实际情况，设定符合他们能力水平的目标，避免过高或过低的要求。过高的目标可能会让学生感到压力和挫败，影响学习积极性；过低的目标则可能无法充分激发学生的潜力。因此，合理的目标设定应在学生的能力范围内，并能对其产生适度的挑战，促使其不断进步。目标的相关性是指设定的目标应与学生的学习需求和整体教学目标密切相关。例如，如果学生主要是为了通过某项考试，教师的目标设定应侧重于该考试所涉及的知识和技能，而不是与考试无关的内容。这样，学生在完成每一个学习目标时，都能感受到其对于整体学习的重要性，从而提高学习动机和效果。目标应具有时间限制，这样可以使学生明确任务的紧迫性，并有效管理学习时间。例如，设定一个月内完成某项学习任务，或在学期结束前达到某一学习水平。时间限制不仅可以督促学生按时完成学习任务，还能帮助教师合理安排教学进度，确保教学计划的顺利实施。

（二）多样化教学方法的整合

在现代教学中，采用多样化的教学方法是适应不同学生学习风格和需求的有效策略。教师可以通过结合讲授、讨论、合作学习和任务驱动等多种教学方式，丰富课堂教学内容，提升教学效果。例如，在讲授新知识时，教师可以通过生动的实例和故事引入主题，以吸引学生的注意力。同时，结合多媒体教学手段，如视频、音频和动画等，帮助学生更直观地理解和掌握新知识。在讲授新知识后，教师可以设计相关的问题，让学生分组讨论。学生可以互相交流看法，激发思维的火花，深化对知识的理解。例如，在讨论文学作品时，学生可以分组分析人物性格和情节发展，并在课堂上进行汇报和分享。这种方式不仅促进了学生的主动思考，还培养了他们的表达能力和团队合作精神。

教师可以通过设计合作任务，如项目报告、实验操作和模拟演练等，促使学生共同完成任务。学生需要分工协作、互相帮助，充分发挥各自的优势。例如，在进行一个环境保护项目时，学生可以分组进行实地调研，撰写报告并用英语进行展示。这不仅增强了学生的实践能力，还提高了他们的英语应用水平和团队合作能力。通过设置具体的任务和项目，教师可以激发学生的学习动机和积极性。例如，角色扮演是一种常见的任务驱动活动，学生可以通过扮演不同的角色，在模拟的情境中练习语言表达和社交技能。例如，在模拟商务谈判的活动中，学生需要用英语进行沟通和谈判，锻炼了他们的实际应用能力和临场应变能力。这种方式不仅提高了课堂的趣味性，还使学生在实践中巩固所学知识。

采用多样化的教学方法还有助于满足不同学生的学习需求和风格。每个学生的学习方式和习惯各不相同，有些学生擅长听讲授，有些学生则更喜欢通过动手实践来学习。通过结合不同的教学方法，教师可以为学生提供多样化的学习体验，使每个学生都能找到适合自己的学习方式。例如，对于视觉型学习者，可以提供更多的图表和视频资料；对于动觉型学习者，可以安排更多的实验和实践活动。多样化教学方法的整合还能够促进学生的全面发展。在传统的单一教学模式下，学生往往只关注对知识的记忆和理解，而忽视了对实践能力和综合素质的培养。通过结合多种教学方法，教师可以在传授知识的同时，培养学生的批判性思维、创造力和解决问题的能力。例如，在进行一项跨学科项目时，学生不仅需要掌握相关学科的知识，还需要运用综合能力进行研究和解决实际问题。这种综合性的学习体验，有助于学生全面素质的提升。

在实践中，教师需要根据教学内容和学生特点，灵活运用多样化的教学方法。例如，在教授语言类课程时，可以通过听说读写相结合的方式，提高学生的语言综合能力；在教授科学类课程时，可以通过实验和探究活动，培养学生的科学思维和实践能力。教师还可以通过不断反思和改进教学方法，积累教学经验，提升教学水平。

（三）利用多媒体技术和网络资源

教师可以利用视频、音频、动画等多媒体资源，显著增强课堂的生动性和互动性。例如，通过播放英语电影片段或新闻报道，学生可以在真实的语境中学习和感受英语的应用。这样的教学方式不仅能提高学生的学习兴趣，还能帮助他们更好地理解和记忆所学内容。教师可以通过动画演示复杂的语言现象或文化背景，让学生更加直观地理解教学内容。例如，使用动画演示语法结构或单词的词义变化，使学生能够更形象地掌握抽象的语言知识。音频资源，如英语听力材料和广播节目，也可以帮助学生提高听力水平和语音辨识能力。这些多媒体资源的结合使用，能够使教学内容更加丰富多彩，提升学生的综合语言能力。

在线学习平台和资源库为学生提供了丰富的学习材料和练习材料，方便他们进行自主学习和复习。例如，教师可以推荐一些优质的在线英语学习网站和应用程序，学生可以利用这些平台进行听说读写的全面训练。在线资源库还可以提供各种类型的练习题和模拟测试，帮助学生检验学习效果，查漏补缺。这样，学生在课外也能获得系统学习指导。教师可以利用这些平台进行在线测评和反馈，提高教学的灵活性和效果。例如，教师可以通过在线平台发布作业和测试，学生完成后即时提交，教师可以及时批改并反馈。这种在线测评方式，不仅提高了教师的工作效率，还能让学生及时了解自己的学习情况，进行针对性复习和改进。此外，在线平台的互动功能也可以促进师生之间的交流和互动，增强教学效果。

教师可以根据学生的不同需求，推荐适合的学习资源和材料。例如，对于需要提高口语能力的学生，可以推荐一些英语口语练习平台和语音识别应用；对于希望提升阅读能力的学生，则可以提供一些优质的在线英文读物和阅读理解练习。这种个性化的学习资源推荐，能够更好地满足学生的个性化学习需求。此外，多媒体技术和网络资源的整合应用，还可以促进跨学科的融合教学。教师可以通过网络资源，将英语学习与其他学科知识相结合，设计跨学科的学习任务和项目。例如，通过观看一部关于环境保护的英语纪录片，学生不仅可以提高英语听力和理解能力，还能学习到环境科学的相关知识。

通过访问各种教育网站和在线课程，教师可以不断更新教学理念和方法，提升自身的专业素养。例如,通过参加在线教师培训课程,了解最新的教学技术和策略,应用到实际教学中。这种持续的专业发展,有助于教师不断改进教学方法。

(四)跨文化意识的培养

跨文化意识是大学英语教学的重要组成部分。教师应通过介绍英语国家的文化背景、风俗习惯和价值观念,帮助学生理解和尊重不同文化。例如,可以通过课堂讨论、文化展示和跨文化交流活动,让学生在比较和体验中,增强跨文化理解和交际能力。此外,教师可以邀请来自不同文化背景的讲者,进行文化讲座和交流,丰富学生的跨文化学习体验。

(五)数据驱动的教学设计

数据驱动的教学设计是提高教学效果的重要方法。教师应利用在线学习平台和智能学习系统,收集和分析学生的学习数据。例如,通过分析学生的测试成绩、作业完成情况和课堂参与度,教师可以及时发现学生的学习问题和需求。此外,数据分析还可以帮助教师进行教学反思和改进,不断优化教学策略和流程。

(六)实践导向的任务设计

实践导向的任务设计有助于提高学生的语言应用能力和实际沟通能力。教师应设计各种具有实际意义的任务和活动,如角色扮演、模拟对话、项目报告等,让学生在真实情境中运用语言。例如,在模拟商务会议的任务中,学生可以扮演不同角色,进行商务谈判和讨论,培养他们的专业语言能力和跨文化沟通能力。

(七)互动与合作学习

互动与合作学习是增强课堂活力和学生参与度的重要方法。教师应设计多样化的互动和合作活动,如小组讨论、合作项目和角色扮演等,促进学生之间的交流和合作。例如,学生可以分享自己的观点和经验,互相学习和启发;在合作项目中,学生可以分工合作,完成复杂的任务和项目,培养他们的团队合作精神和综合能力。

（八）过程性评价与反馈

过程性评价和反馈是确保教学质量和效果的重要环节。例如，通过小测验、课堂提问和作业批改等方式，及时评价学生的学习效果和掌握情况。基于这些评价结果，教师可以提供有针对性指导和帮助。此外，教师还应鼓励学生进行自我评价和同伴互评，培养他们的自我反思和评估能力。

第二节 大学英语课堂教学资源的整合与优化

一、大学英语课堂教学资源的整合

（一）教材与辅助材料的整合

教材是大学英语课堂教学的重要资源。教师应根据教学目标和学生需求，选择适合的教材，并充分利用教材中的内容进行教学。与此同时，教师还应整合各种辅助材料，如词汇表、语法指南、习题集等，丰富教学内容。例如，教师可以根据教材的章节，提供相关的补充阅读材料和练习，帮助学生更好地理解和掌握所学知识。这些辅助材料不仅可以巩固教材内容，还能拓展学生的知识面。

（二）多媒体资源的整合

多媒体资源在现代教学中具有重要作用。教师可以整合视频、音频、动画等多媒体资源。例如，播放英语电影片段、新闻报道、纪录片等，可以帮助学生在真实语境中学习和感受英语的应用。此外，教师还可以利用多媒体课件，展示图片、图表和动画，辅助讲解复杂的语言知识和文化背景。通过这些多媒体资源的整合，教师可以激发学生的学习兴趣，提高课堂教学效果。

（三）在线学习平台与网络资源的整合

在线学习平台和网络资源为大学英语教学提供了丰富的学习材料和互动机会。教师可以整合各种在线学习平台,如 MOOCs(大规模开放在线课程)、语言学习网站、在线词典等,为学生提供自主学习和练习的资源。例如,教师可以推荐学生使用某个在线平台进行听力训练和口语练习,或者通过网络课程补充课堂教学内容。此外,教师还可以利用社交媒体和在线讨论区,与学生进行实时互动和交流,解答他们的疑问,提供学习支持。

(四)图书馆资源的整合

大学图书馆是重要的学习资源中心,教师应鼓励学生利用图书馆的资源进行学习和研究。教师可以整合图书馆的纸质书籍、电子书、学术期刊、数据库等资源,帮助学生查找和获取相关的学习材料。例如,在进行某个专题的研究时,教师可以指导学生使用图书馆的数据库检索相关文献,阅读学术文章,撰写研究报告。这不仅可以提升学生的自主学习能力和研究能力,还能拓宽他们的知识视野。

(五)实践活动与校外资源的整合

实践活动和校外资源是培养学生实际应用能力的重要途径。教师可以整合各种实践活动,如英语角、演讲比赛、模拟联合国等,提供学生语言实践和展示的机会。例如,组织学生参加英语演讲比赛,可以提高他们的口语表达能力和自信心;举办跨文化交流活动,可以增强他们的跨文化理解和沟通能力。此外,教师还可以利用校外资源,如邀请外籍专家讲座、组织企业参观和实习等,让学生在实际环境中锻炼和应用英语,提高综合素质。

(六)教学评估与反馈资源的整合

有效教学评估和反馈是提高教学质量的重要环节。教师应整合各种评估工具和反馈资源,如在线测评系统、学习日志、反馈问卷等,进行科学的教学评估和反馈。例如,通过学习日志和反馈问卷,教师可以了解学生的学习体验和需求,不断改进教学方法和内容。通过这些评估与反馈资源的整合,教师可以提高教学的针对性和有效性,提升学生的学习效果。

(七) 学术交流与科研资源的整合

学术交流与科研资源对大学英语教学也具有重要意义。教师可以整合各种学术会议、研讨会、学术期刊等资源，促进师生的学术交流与合作。例如，鼓励学生参加英语学术会议和研讨会，发表论文和演讲，参与学术讨论和交流；指导学生阅读和撰写学术文章，进行科学研究和探索。这不仅可以提高学生的学术素养和研究能力，还能激发他们的学习兴趣和创新精神。

(八) 跨学科资源的整合

跨学科资源的整合可以丰富大学英语课堂教学内容，拓展学生的知识面和应用能力。教师可以整合与英语相关的其他学科资源，如文学、历史、社会学、经济学等。例如，在讲授英语文学时，结合历史背景和社会现象，进行多角度的分析和讨论；在进行商务英语教学时，结合经济学和管理学的知识，进行案例分析和模拟演练。通过跨学科资源的整合，学生可以在综合应用中，提高语言能力和综合素质。

二、大学英语课堂教学资源的优化

(一) 更新教材与辅助材料

优化大学英语课堂教学资源需要定期更新教材与辅助材料。教师应选择最新版本的教材，确保内容符合当前的语言教学标准和学生需求。此外，教师可以根据教学目标和学生反馈，补充和更新词汇表、语法指南、习题集等辅助材料。例如，在选用教材时，可以选择包含最新社会热点和实际应用的内容，增强教材的实用性和时代感。

(二) 提高多媒体资源的使用效率

多媒体资源在课堂教学中起着重要作用，优化多媒体资源的使用效率是提升教学效果的关键。教师应精选与教学内容紧密相关的视频、音频、动画等资源，避免过度依赖多媒体而导致学生注意力分散。例如，在教授文化背景知识时，可以播放相关纪录片片段，让学生在真实情境中理解和感受文化差异。此外，教师还应学会制作和使用多媒体课件，结合图片、图表和动画。

（三）优化在线学习平台与网络资源

在线学习平台和网络资源是现代教学的重要组成部分，优化这些资源的使用可以提升学生的自主学习效果。教师应选择功能齐全、界面友好的在线学习平台，提供丰富的学习材料和互动功能。例如，利用平台上的在线测评系统、讨论区和学习记录，实时跟踪学生的学习进度和效果，及时提供反馈和指导。此外，教师可以推荐一些高质量的语言学习网站和在线课程，帮助学生拓展学习渠道和资源。

（四）强化图书馆资源的利用

教师应鼓励学生积极使用图书馆的纸质书籍、电子书、学术期刊和数据库等资源，开展自主学习和研究。例如，教师可以布置一些需要查阅图书馆资料的作业和项目，培养学生的信息检索和研究能力。同时，教师可以与图书馆合作，举办专题讲座和阅读活动，帮助学生更好地利用图书馆资源。

第三节 大学英语课堂教学环境的构建与改进

一、大学英语课堂教学环境的构建

（一）创建积极的学习氛围

首先，构建积极的学习氛围对于大学英语课堂教学环境至关重要。教师应营造一个开放、包容、鼓励探索和创新的课堂环境。例如，教师可以通过积极的语言和行为，鼓励学生主动参与课堂讨论和活动，表达自己的观点和疑问。此外，教师应建立一种互相尊重、互相支持的课堂文化，让学生感受到安全和信任，从而提高他们的学习积极性和自信心。

（二）配置现代化的教学设施

现代化的教学设施是构建良好课堂教学环境的重要基础。大学应配备先进的多媒体设备、智能黑板、投影仪、音响系统等,支持教师在课堂上使用多种教学手段和资源。例如,多媒体教室可以帮助教师通过视频、音频、动画等方式展示教学内容,增强课堂的互动性和趣味性。此外,提供便捷的网络连接和在线学习平台,也可以支持学生进行自主学习和课外延伸学习。

(三) 优化教室的物理环境

教室的物理环境对学生的学习效果也有重要影响。大学应确保教室的光线充足、通风良好、温度适宜,为学生提供舒适的学习环境。例如,调整教室的座椅布局,使其适应不同的教学活动和互动方式;在教室内提供充足的电源插座,方便学生使用电子设备;设置合理的教学辅助设备,如白板、公告板等,支持教师进行课堂教学。

(四) 提供丰富的学习资源

构建优质的课堂教学环境需要提供丰富的学习资源。教师应选择和整合各种学习材料和资源,如教材、辅助读物、多媒体资源等。例如,教师可以推荐适合学生水平和兴趣的英语读物、电影、纪录片等,帮助学生拓展知识面和语言应用能力。此外,学校应提供充足的图书馆资源、在线数据库和学习平台,支持学生进行自主学习和研究。

(五) 建立有效的沟通渠道

有效沟通是构建良好课堂教学环境的重要环节。教师应建立多种沟通渠道,与学生保持密切联系。[①] 例如,教师可以通过电子邮件、在线学习平台、班级微信群等方式,与学生进行交流和互动,提供学习指导和支持。此外,教师还应定期进行个别面谈和小组讨论,及时了解学生的学习进展和反馈情况。

(六) 鼓励合作学习和团队活动

合作学习和团队活动可以增强学生的学习体验和综合能力。教师应设计多样化的合作学习活动和团队项目,如小组讨论、角色扮演、项目报告等。例如,教师可以安排学生分组进行英语演讲比赛,模拟国际会议等活动,培养他们的团队合作精神和实

---

① 周伟. 在英语教学中培养学生审美素养的原则与策略 [J]. 中小学外语教学(中学篇),2023,46(06):12-17.

际应用能力。此外，学校应提供适合团队活动的学习空间和设施，如小组讨论室、活动室等，支持学生进行合作学习。

（七）倡导跨文化交流

跨文化交流是提高学生跨文化理解和沟通能力的重要途径。教师应通过各种活动和项目，促进学生与不同文化背景的同学和教师进行交流和互动。例如，教师可以组织跨文化主题讨论、文化展示、国际交流活动等，增强他们的跨文化意识和交际能力。此外，学校应提供更多的国际交流机会，如海外学习项目、国际志愿者服务等，帮助学生在实际环境中锻炼和提升跨文化沟通能力。

（八）实施多样化的评估方式

多样化的评估方式可以全面反映学生的学习效果和进展。教师应采用多种评估手段，如课堂表现、作业、测试、项目报告、口语表达等，综合评价学生的语言能力和综合素质。例如，教师可以通过课堂提问、小组讨论、角色扮演等活动，评估学生的口语表达能力和互动表现；通过书面作业和项目报告，评估学生的写作能力和逻辑思维能力。此外，教师应注重过程性评价和反馈，及时了解学生的学习进展和问题，提供针对性指导和支持。

二、大学英语课堂教学环境的改进

（一）改善物理环境

更新和维护空调系统，确保教室内的温度适中；安装可调节的窗帘，调节自然光线的强度。此外，调整教室座椅布局，使其更符合学生的学习和互动需求，如采用U形或小组式座位安排，方便师生互动和小组讨论。

（二）更新教学设施

现代化教学设施对于提升教学质量至关重要。大学应定期更新和维护教学设备，如投影仪、智能黑板、音响系统等，确保其正常运行和高效使用。例如，配置高质量的多媒体设备和互动白板,支持教师在课堂上使用多种教学手段。此外,提供便捷的网络连接和充足的电源插座,方便学生使用笔记本电脑和其他电子设备进行学习和研究。

(三) 增强多媒体资源的使用

多媒体资源在现代教学中起着重要作用。教师应加强多媒体资源的使用,通过精选的视频、音频、动画等资源,丰富课堂教学内容。例如,播放相关的英语电影片段、纪录片和新闻报道,帮助学生在真实语境中学习和感受语言的应用。

第四节 大学英语课堂模式的实施与管理

一、大学英语课堂模式的实施

(一) 互动式教学模式

互动式教学模式通过小组讨论、课堂演讲和角色扮演等方式,鼓励学生主动参与课堂活动,提高学生的参与度和积极性。教师在课堂上扮演引导者和协作者的角色,通过提问、点评和反馈,帮助学生更好地理解和应用所学知识。通过模拟真实的语言交流情境,如模拟面试、商务谈判和日常对话等,使学生在实际应用中提高语言能力。

(二) 多媒体辅助教学模式

利用多媒体技术提供丰富的教学资源,如视频、音频、图片和动画等,增强课堂的吸引力和趣味性。使用互动教学软件,如在线测验、即时反馈和虚拟课堂等,增加师生互动和学生的参与感。借助网络教学平台,如慕课(MOOC)、在线课程和电子书等,使学生可以在课外自主学习和复习。

(三) 项目驱动教学模式

设计与学生专业相关的项目,使学生在完成项目的过程中,应用英语进行专业知识的学习和实践。通过团队合作完成项目,培养学生的协作能力和团队精神,同时提高语言应用能力。通过项目展示和评估，教师和学生共同反馈和讨论，找到改进和提升的空间。

（四）翻转课堂模式

学生在课前通过观看教学视频、阅读材料和完成在线练习，掌握基本知识和概念，为课堂活动做准备。在课堂上，通过小组讨论、问题解决和案例分析等互动活动，巩固和深化所学知识。通过课后作业、在线测验和教师反馈，进一步巩固和应用所学知识，确保学习效果。

二、大学英语课堂模式的管理

（一）课堂管理的必要性

大学英语课堂是高等教育的重要组成部分，其管理直接影响教学效果和学生的学习体验。有效的课堂管理可以提高教学质量，激发学生的学习兴趣，促进课堂的互动与参与，进而提升学生的英语综合能力。因此，探讨大学英语课堂模式的管理具有重要意义。

（二）课堂管理的实施

1. 课前准备

课前准备是大学英语课堂管理的重要环节，对提升教学效果具有关键作用。教师在进行课前准备时，首先需要充分准备教学内容，确保所教授的知识点全面、系统且符合课程要求。丰富和连贯的教学内容能够帮助学生更好地理解和掌握英语知识，为课堂教学奠定良好的基础。在设计教学计划和活动时，教师应根据课程目标和教学大纲，合理安排每一节课的教学内容和进度。教学计划的制定应具有科学性和可操作性，既要考虑到知识的系统性和逻辑性，又要注重教学的灵活性和多样性。合理设计的教学活动可以激发学生的学习兴趣，增强课堂的互动性和参与度，进而提高教学效果。

不同学生的英语水平、学习习惯和兴趣爱好各不相同，教师应通过课前调研、课堂观察等方式，充分了解学生的情况，做到因材施教。针对不同学生的特点，教师可以设计差异化的教学活动,提供个性化的指导和帮助,确保每个学生都能在课堂上有所收获。在进行课前准备时,教师还应注意收集和整理各种教学资源,如教材、教辅资料、多媒体课件等。丰富的教学资源可以为课堂教学提供有力的支持,增加课堂的趣味性和实用性。教师应积极探索新的教学资源和方法,不断丰富和创新教学内容,提高课堂的教学效果。

2. 课堂组织

课堂组织是大学英语课堂管理的核心环节,直接关系到教学效果和学生的学习体验。在教学过程中,教师应当牢牢掌控课堂节奏,合理安排各个教学环节,确保课堂有序进行。合理的课堂节奏不仅能提高学生的注意力和学习效率,还能增强课堂的连贯性和整体感,从而达到最佳的教学效果。在课堂上,教师需要善于引导学生思考和讨论。通过提出有深度、有启发性的问题,教师可以激发学生的思考,引导他们从不同角度去分析和解决问题。这不仅能提高学生的思维能力和表达能力,还能增加课堂的互动性和参与感,使学生在积极参与中加深对知识的理解和掌握。此外,教师还可以通过小组讨论、角色扮演等多种形式的教学活动,促进学生之间的交流与合作,增强课堂的互动和趣味性。

教师可以通过多样化的教学方法和生动有趣的教学内容,吸引学生的注意力,激发他们的学习兴趣。此外,教师还可以根据学生的兴趣和需求,设计个性化的教学活动,满足不同学生的学习需求,增强他们的参与感和成就感。为了确保课堂秩序井然,教师应制定明确的课堂纪律和行为规范,并在课堂上严格执行。合理的课堂纪律不仅能保障课堂的正常进行,还能培养学生良好的学习习惯和行为规范。例如,教师可以规定上课不迟到、不随意走动、不使用手机等,通过合理的约束,营造一个安静、有序的学习环境。同时,教师还应注意以身作则,通过自己的行为示范,引导学生自觉遵守课堂纪律,尊重他人,形成良好的课堂氛围。

3. 课堂纪律

课堂纪律是大学英语课堂管理中不可或缺的一环,对于维持良好的课堂秩序和提高教学效果具有重要意义。制定合理的课堂纪律是保障课堂秩序的前提。教师应根据实际教学需要,制定切实可行的课堂纪律规范,如上课不迟到、不随意走动、不使用手机等。这些规定不仅能帮助学生养成良好的学习习惯,还能确保课堂教学顺利进行,减少不必要的干扰和打断。教师在课堂上应当以身作则，严格遵守和执行所制定的纪律规范，同时也要公平公正地对待每一位学生。对于违反课堂纪律的行为，教师应及时指出并给予适当的教育和引导，帮助学生认识到遵守纪律的重要性。通过严格执行，课堂纪律才能真正发挥其作用，保障课堂教学的顺利进行。

通过与学生进行有效沟通，教师可以了解学生的实际需求和困难，并根据这些信息及时调整和优化课堂纪律的内容和执行方式。与此同时，教师还可以通过积极鼓励和表扬，激发学生的自律意识和学习积极性。例如，对于遵守课堂纪律表现优秀的学生，教师可以给予适当的表扬和奖励，树立榜样，引导其他学生积极效仿，从而形成良好的班级氛围。课堂纪律的制定和执行不仅是教师的职责，也需要学生的积极参与和配合。教师可以通过班会、座谈会等形式，邀请学生参与课堂纪律的制定，让学生在制定规则的过程中表达自己的意见和建议，提高他们的参与感和责任感。这种民主化管理方式不仅有助于课堂纪律的有效实施，还能增强学生的自律意识和集体荣誉感，促进师生关系的和谐发展。

4. 教学反馈

教学反馈是大学英语课堂管理中的重要环节，对于了解学生的学习情况和改进教学方法具有关键作用。通过课堂提问，教师可以及时掌握学生对所学内容的理解程度。在课堂上，教师可以设计一系列有针对性的问题，通过提问与学生互动，了解他们对知识点的掌握情况。提问不仅能够激发学生的思维和参与热情，还能帮助教师发现学生在学习中存在的问题，从而有针对性地进行讲解和指导。通过定期或不定期的小测验，教师可以全面了解学生的学习情况和知识掌握情况。小测验的结果能够为教师提供具体的数据支持，帮助他们判断教学内容的难易程度和教学方法的有效性。通过分析测验结果，教师可以发现学生在学习中存在的共性问题和个体差异，进而调整教学策略。

通过布置适量的课后作业，教师可以巩固学生对课堂内容的理解和记忆，同时也能检查学生的学习效果。课后作业的批改和反馈过程，教师可以发现学生在学习中的薄弱环节，并给予及时指导和帮助。针对作业中出现的共性问题，教师可以在课堂上进行集中讲解，帮助学生克服学习中的困难，进一步巩固所学内容。通过课后辅导、个别谈话等形式，教师可以深入了解学生的学习困惑和困难，提供针对性指导和帮助。这种个性化的反馈方式不仅能够增强学生的学习信心，还能促进师生之间的良好互动和沟通，有助于提高教学效果。

第三章 当代大学生学习状态

第一节 学习动机与态度

一、学习动机

（一）内在动机

内在动机是指学生因对英语本身的兴趣和热爱而产生的学习动力。这种动机来源于学生对英语文化、文学、电影、音乐等方面的浓厚兴趣。例如，一些学生喜欢阅读英文小说或观看英语电影，他们会因为对这些活动的兴趣而主动学习英语。此外，内在动机还包括学生对语言学习本身的兴趣，如他们享受语言学习带来的挑战和成就感。这种内在动机能够促使学生自发地学习英语，保持持久的学习热情和动力。

（二）个人发展动机

个人发展动机是指学生通过学习英语来提升自身综合素质和能力的愿望。许多学生希望通过学习英语，提升自己的沟通能力、逻辑思维能力和分析能力，为将来的个人发展打下坚实的基础。这种动机驱使学生努力学习英语，以便在未来的学习、工作和生活中取得更大的成功。

（三）职业发展动机

职业发展动机是指学生为了在未来的职业生涯中获得更好的发展机会而学习英语。越来越多的企业要求员工具备良好的英语能力。掌握英语不仅可以提高学生的就业竞争力,还可以为他们提供更多的职业发展机会,如出国工作、参加国际项目等。此外,一些专业领域,如国际贸易、外语教育、旅游管理等,对英语能力有着较高的要求,这也促使相关专业的学生积极学习英语,以便在将来的职业发展中占据有利位置。

(四)学术动机

学术动机是指学生为了学术研究和学术交流而学习英语。许多大学生希望通过学习英语,能够阅读和理解国际学术文献,掌握最新的研究成果和学术动态。同时,掌握英语还可以帮助学生参与国际学术交流,如参加国际会议、发表英语论文等。这种动机在研究生和科研人员中尤为明显,他们需要通过学习英语,提高自己的学术水平和科研能力。

(五)社会动机

社会动机是指学生为了融入社会、提高社会交往能力而学习英语。随着国际交流的日益频繁,掌握英语已成为现代社会的重要技能。许多学生希望能够更好地与外国友人交流,了解不同国家的文化和习俗,增强自己的社会适应能力和跨文化交流能力。此外,一些学生还希望通过学习英语,能够在各种社交场合中表现得更加自信和得体。

(六)考试动机

考试动机是指学生为了通过各类英语考试而学习英语。许多大学生需要通过英语等级考试(如 CET-4、CET-6、雅思、托福等)来满足毕业要求或申请出国留学。这种动机促使学生在特定时间段内集中精力学习英语,达到考试目标。然而,考试动机往往具有短期性和功利性,教师应引导学生在备考的同时,培养对英语学习的持久兴趣和内在动机。

二、学习态度

(一)积极主动的学习态度

积极主动的学习态度是指学生在英语学习中表现出积极参与和主动性。这种态度体现在学生会主动预习课文、积极参与课堂讨论、认真完成作业等方面。积极主动的学生会利用各种资源，如图书馆、网络课程、英语角等，不断提升自己的英语水平。此外，他们还会在课外进行大量的阅读和练习，主动寻找机会与外教或英语母语者交流，以提高口语和听力能力。积极主动的学习态度能够显著提高学生的学习效果，使他们在英语学习中取得更大的进步。

（二）坚持不懈的学习态度

坚持不懈的学习态度是指学生在英语学习中能够持之以恒，不轻易放弃。学习英语是一个长期的过程，学生需要在不断积累和练习中提高自己的语言能力。具备坚持不懈态度的学生能够面对学习中的困难和挫折，不断调整自己的学习方法和策略，持续努力。例如，他们会坚持每天进行听力训练、阅读英文报刊、写英语日记等，逐步提高自己的语言水平。这种坚持不懈的态度不仅有助于英语学习，还能培养学生的毅力和自律能力。

（三）开放包容的学习态度

开放包容的学习态度是指学生在英语学习中能够接受不同的文化和观点，尊重和理解多样性。英语不仅是一门语言，更是了解和融入世界文化的重要工具。具有开放包容态度的学生会对不同国家的文化、习俗、价值观表现出浓厚的兴趣，并在学习中积极探索和体验。[1] 例如，他们会阅读外国文学作品、观看英文电影和纪录片、参与跨文化交流活动等，通过这些方式加深对英语文化的理解。这种开放包容的态度能够增强学生的跨文化交际能力，使他们在全球化背景下更具竞争力。

（四）自律自控的学习态度

自律自控的学习态度是指学生在英语学习中能够自我管理和自我约束，制定合理的学习计划并严格执行。具有自律自控态度的学生会根据自己的学习目标和进度，合理安排学习时间，避免拖延和懒怠。例如，他们会制定每日或每周的学习任务，确保按时完成，并定期进行复习和总结。同时，自律自控的学生能够主动调整自己的学习方法，

---

[1] 张丽. 英语口语交际创新教学方法探讨 [J]. 成才之路, 2023 (14): 97-100.

针对薄弱环节进行重点突破。自律自控的学习态度能够帮助学生高效利用学习时间。

（五）求知若渴的学习态度

求知若渴的学习态度是指学生在英语学习中表现出强烈的求知欲和好奇心，渴望不断探索和学习新的知识。具有这种态度的学生会主动寻找各种学习资源，积极参与各类英语学习活动，如讲座、研讨会、工作坊等，拓宽自己的知识面。例如，他们会阅读各类英语书籍、杂志，学习专业领域的英语知识，甚至进行英语写作和发表论文。求知若渴的学习态度能够激发学生的学习兴趣，使他们在英语学习中不断进步和成长。

（六）反思批判的学习态度

反思批判的学习态度是指学生在英语学习中能够进行自我反思和批判性思考，善于总结经验教训，改进学习方法。具有这种态度的学生会定期反思自己的学习过程，找出存在的问题和不足，积极寻求解决方案。例如，他们会回顾课堂笔记，分析错题，反思学习中的得失，调整学习策略。这种反思批判的态度能够帮助学生不断优化学习方法。

第二节 学习方法与习惯

一、学习方法

（一）系统学习法

系统学习法是指学生在英语学习过程中按照一定的系统和逻辑进行知识的积累和掌握。这种方法强调学习的连贯性和系统性，要求学生在学习过程中注意知识点之间的联系和整体结构。例如，学生可以通过制定详细的学习计划，将英语听、说、读、写四个方面的内容有机结合，逐步提高各项技能。

（二）任务型学习法

任务型学习法是通过完成具体的任务来实现学习目标的方法。这种方法强调学习的实践性和应用性，要求学生在真实的语言环境中运用所学知识。例如，教师可以布置各种任务，如写英语作文、进行小组讨论、制作英文演示文稿等，促使学生在完成任务的过程中不断实践和应用英语知识。任务型学习法不仅能提高学生的语言运用能力，还能增强他们的学习兴趣和参与感。

（三）多媒体学习法

多媒体学习法是利用各种多媒体资源进行英语学习的方法。这种方法充分利用了现代科技手段，通过视听结合、图文并茂的方式，提高学生的学习兴趣和效率。例如，学生可以通过观看英文电影、听英语广播、使用英语学习软件等多种途径，丰富学习内容，增强语言输入。多媒体学习法还可以通过在线课程、网络资源等方式，拓展学生的学习渠道，使他们能够获取更多的学习资源和信息。

（四）交际学习法

交际学习法是通过实际交流和互动来提高语言能力的方法。这种方法强调语言的社交功能，要求学生在真实的交流情境中运用英语。例如，学生可以通过参加英语角、国际交流项目、语言交换活动等，与英语母语者或其他英语学习者进行交流，增强口语和听力能力。交际学习法不仅能提高学生的语言运用能力，还能增强他们的跨文化交际能力，培养他们的自信心和表达能力。

（五）自主学习法

自主学习法是指学生在英语学习过程中，能够自我管理和自主调控，制定学习目标和计划，进行自主学习。这种方法强调学习的自主性和个性化，要求学生根据自己的兴趣和需求，选择适合自己的学习内容和方法。例如，学生可以制定每日或每周的学习计划，利用课余时间进行英语阅读、听力训练、词汇积累等，自主安排学习进度和内容。自主学习法能够培养学生的自我管理能力和学习习惯，增强他们的学习效果。

（六）反思学习法

反思学习法是通过自我反思和总结来提高学习效果的方法。这种方法强调学习的过程和方法，要求学生在学习过程中不断进行自我评估和调整。例如，学生可以定期反思自己的学习过程，总结学习中的成功经验和失败教训，并积极寻求改进方法。反思学习法能够帮助学生不断优化学习策略，增强他们的学习能力和自主性。

（七）小组合作学习法

小组合作学习法是通过小组成员之间的合作和互动来实现学习目标的方法。这种方法强调团队合作和集体智慧，要求学生在小组中共同完成学习任务，分享学习资源和经验。例如，教师可以将学生分成若干小组，布置小组讨论、合作项目、角色扮演等任务，促使学生在合作中相互学习和提高。小组合作学习法不仅能增强学生的学习兴趣和动力，还能培养他们的团队合作精神和沟通能力。

二、学习习惯

（一）每日积累习惯

每日积累习惯是指学生每天都坚持学习和积累英语知识。这种习惯包括每天背诵单词、阅读英文文章、进行听力训练等。通过每日积累，学生可以逐步扩大词汇量，提高语言感知能力。例如，每天背诵10个新单词，并复习前一天的单词，可以有效巩固词汇记忆。此外，每天阅读一篇英语短文或新闻报道，可以帮助学生提高阅读理解能力，熟悉英语表达方式和文化背景。

（二）定期复习习惯

定期复习习惯是指学生在学习过程中，定期回顾和复习所学内容，以巩固知识和查漏补缺。复习是学习中必不可少的一环，可以帮助学生将短期记忆转化为长期记忆。例如，学生可以每周安排一定的时间，复习本周所学的单词、语法和课文内容，通过做笔记、制作思维导图等方式，加深对知识的理解和记忆。定期复习能够提高学习效率，防止遗忘，增强知识的连贯性和系统性。

（三）主动练习习惯

主动练习习惯是指学生在学习过程中，积极进行语言实践和运用。这种习惯包括听、说、读、写四个方面的练习。听力方面,学生可以每天听英语广播、看英语视频,训练听力理解能力。口语方面,学生可以通过与同学、外教交流,或者参加英语角活动,锻炼口语表达能力。阅读方面,学生可以坚持每天阅读英文书籍、报刊,提升阅读速度和理解能力。写作方面,学生可以定期写英语日记、作文,通过不断练习提高写作水平。主动练习能够帮助学生在实际运用中发现和解决问题,提高综合语言能力。

(四) 时间管理习惯

时间管理习惯是指学生在英语学习过程中,做到劳逸结合。这种习惯要求学生制定详细的学习计划,明确每天的学习任务和目标,避免拖延和时间浪费。例如,学生可以每天安排 1~2 小时进行英语学习,按照听、说、读、写 4 个方面分配时间,确保各项技能的全面发展。良好的时间管理习惯能够提高学习效率,增强自律性和时间观念,使学生在繁忙的学业和生活中,依然能够有效地进行英语学习。

(五) 做笔记习惯

做笔记习惯是指学生在英语学习过程中,养成随时记录重要知识点和学习心得的习惯。做笔记不仅可以帮助学生加深对课堂内容的理解,还能为课后的复习和总结提供便利。例如,学生在上课时,可以记录老师讲解的重点和难点,在阅读时,可以记录不懂的单词和句型,在听力训练时,可以记录听力材料的关键词和句子结构。做笔记习惯能够帮助学生理清思路,系统整理知识。

(六) 自我评估习惯

自我评估习惯是指学生在学习过程中,定期对自己的学习情况进行反思和评估。这种习惯有助于学生发现学习中的问题和不足,及时调整学习方法和策略。例如,学生可以每月进行一次学习总结,评估自己在词汇、语法、听力、口语、阅读和写作方面的进展,找出薄弱环节,并制订改进计划。自我评估习惯能够增强学生的自我认知和学习能力。

(七) 合理利用资源习惯

合理利用资源习惯是指学生在英语学习过程中,善于利用各种学习资源,不断拓宽知识面和提升语言能力。这些资源包括图书馆、网络课程、英语学习软件、外教课程、英语角活动等。例如，学生可以通过在线课程学习语法知识，通过英语学习软件进行单词记忆，通过参加英语角活动锻炼口语表达。合理利用资源习惯能够帮助学生获取更多的学习信息和机会。

第三节 学习压力与应对

一、学习压力

（一）考试压力

考试压力是大学英语学习中最常见的一种压力来源。许多学生在面对各种英语考试（如CET-4、CET-6、雅思、托福等）时，感到紧张和焦虑。考试成绩往往直接影响学生的学业成绩、奖学金评定、毕业资格和留学申请等，因此，考试压力对学生的心理和学习表现有着重要影响。为了减轻考试压力，学生需要制订合理的复习计划，掌握科学的复习方法，并通过模拟考试和心理调适来提高考试自信心和应试能力。

（二）学业负担

除了日常的课堂学习和课后作业，学生还需要完成大量的阅读训练、听力训练、写作练习和口语训练。繁重的学业负担可能导致学生感到时间紧迫，无法兼顾其他课程和活动。为了减轻学业负担，学生应学会科学的时间管理，合理安排学习时间和休息时间，保证身心健康和学习效率的平衡。

（三）语言障碍

对于许多非英语专业的学生来说，英语并非母语，学习英语时常常会遇到听不懂、说不出、写不好的问题。这些语言障碍不仅影响学习效果，还会导致学生产生自卑感和挫败感。为了克服语言障碍，学生需要不断积累词汇，提升听说读写能力，培养语言应用能力，并积极参与各种英语学习活动，增加语言实践机会。

(四) 自我期望

许多学生对自己的英语水平有着很高的期望,希望在短时间内取得显著进步。然而,学习语言是一个长期积累的过程,高期望可能导致学生在未能达到预期目标时产生焦虑和失望。为了减轻这种压力,学生应树立合理的学习目标,分阶段逐步实现,并在学习过程中关注自己的进步和努力,而不是一味追求高分和完美表现。

(五) 同伴竞争

同伴竞争也是大学英语学习中的一个压力来源。在竞争激烈的学习环境中,学生往往会与同学进行比较,担心自己在成绩和表现上落后于他人。这种竞争压力可能会影响学生的自信心和学习兴趣,甚至导致学习疲劳和心理问题。为了缓解同伴竞争带来的压力,学生应学会关注自己的学习过程和进步,建立健康的学习心态,与同学合作交流,共同进步。[1]

(六) 家庭期望

家庭期望对学生的学习压力也有重要影响。许多家长对孩子的英语学习寄予厚望,希望他们能够取得优异成绩,为将来的发展打下良好基础。家长的高期望和关注虽然出于好意,但过度的压力可能会让学生感到负担。为了减轻家庭期望带来的压力,学生应与家长进行有效沟通,表达自己的感受和需求,寻求理解和支持,同时也要学会自我调适,保持良好的心理状态。

(七) 就业压力

就业压力也是大学英语学习中的一个重要压力来源。许多职位对英语能力提出了较高的要求,掌握英语已经成为提高就业竞争力的重要条件。学生在面临就业压力时,可能会感到学习英语的紧迫性和重要性,从而增加学习负担和心理压力。为了缓解就业压力,学生应在平时的学习中注重实际应用能力的培养,积累工作经验,提高综合

---

[1] 敖娜仁图雅,张常娥. 英语简单章节书教学的设计原则与实施方法 [J]. 基础外语教育,2023,25 (02):66-74+109.

素质和竞争力。

二、学习应对

（一）制定合理的学习计划

制定合理的学习计划是应对大学英语学习压力的关键一步。学生应根据自己的学习目标和时间安排，制定详细的学习计划，确保每天都有固定的时间进行英语学习。例如，可以每天安排30分钟背诵单词，1小时进行听力练习，1小时阅读英文文章。合理的学习计划不仅能帮助学生有条不紊地进行学习，还能提高学习效率，减轻学习压力。

（二）寻求学习资源和支持

充分利用各种学习资源和支持是应对大学英语学习挑战的重要策略。学生可以利用图书馆的英语书籍、在线课程、英语学习软件等资源进行自主学习。此外，参加英语角、语言交流活动、与外教或同学进行语言练习等，也是提升英语水平的有效途径。通过多渠道获取学习资源和支持，学生可以丰富学习内容，增强学习效果。

（三）培养积极的学习态度

培养积极的学习态度对于应对大学英语学习压力至关重要。学生应保持对英语学习的热情和兴趣，将其视为提升自我、开阔视野的机会，而不是单纯的学业负担。遇到困难时，要积极面对，寻找解决方法，而不是逃避或放弃。积极的学习态度能够增强学习动力和自信心，帮助学生克服学习中的各种挑战。

（四）进行有效的时间管理

有效的时间管理是减轻大学英语学习压力的重要手段。学生应学会合理安排学习时间和休息时间，避免过度学习导致的疲劳和压力。制定每日、每周的学习时间表，明确每个时间段的学习任务，确保高效利用时间。同时，学生还应注意劳逸结合，适当进行体育锻炼和休闲活动，保持身心健康。

(五) 设立阶段性目标

设立阶段性目标可以帮助学生在英语学习中保持持续的动力和成就感。将长期学习目标分解为多个短期目标，每个阶段完成一个小目标，并给予自己适当的奖励。例如，可以设定每个月掌握 200 个新单词，完成 1 本英语原著阅读等。通过实现一个个小目标，学生可以不断积累成就感，增强学习信心。

(六) 采用多样化的学习方法

采用多样化的学习方法可以增强学习的趣味性和学习效果。学生可以结合听、说、读、写四个方面，灵活运用不同的学习方法，如听英语广播、看英语电影、参与小组讨论、写英语日记等。多样化的学习方法不仅能提高综合语言能力，还能避免单一学习方式带来的枯燥感，增强学习兴趣。

(七) 加强自我评估和反思

定期进行自我评估和反思是提高英语学习效果的重要步骤。学生应在学习过程中，定期回顾和总结自己的学习情况，及时调整学习策略。例如，可以通过做模拟考试、自我测试等方式，评估自己的词汇量、听力水平、阅读理解能力等。自我评估和反思能够帮助学生不断改进学习方法，提升学习效率。

(八) 寻求心理支持

面对学习压力时，学生应学会寻求心理支持和帮助。与老师、同学、家人交流自己的学习困惑和压力，寻求他们的理解和建议，是缓解心理压力的有效途径。此外，学校的心理咨询中心也可以为学生提供专业的心理辅导和支持，帮助学生应对学习中的心理挑战，保持积极的心态。

第四章 大学英语课堂模式下学生学习能力的提升

第一节 大学英语课堂模式对学生学习兴趣的激发

一、互动式教学模式对学生学习兴趣的激发

互动式教学模式通过师生之间的互动,增加学生的参与感,从而激发学生的学习兴趣。

(一)小组讨论

小组讨论是大学英语课堂中常用的一种教学方法,通过将学生分成若干小组,围绕课堂上的问题进行讨论和交流。这种教学方式有助于增强学生的合作能力和表达能力。学生不仅需要独立思考,还需与组员们分享自己的观点和见解。通过交流和互动,学生可以从不同角度理解问题,从而加深对学习内容的认识。教师扮演着引导者的角色,提出讨论主题并给予适当的指导和建议。学生则在讨论过程中进行积极的思维碰撞,这种互动不仅有助于学生之间相互学习,取长补短,还可以激发他们的创造力和批判性思维。此外,小组讨论可以提高学生的口语表达能力,因为每个学生都需要在讨论中清晰、有条理地表达自己的观点,这对英语学习特别重要。

通过小组讨论,学生能够更好地理解和记忆课堂内容。因为讨论过程中,学生需要不断地提问、解答、反驳和支持,这些过程都可以强化他们对知识的掌握。而且,小组讨论能让学生在一个相对轻松的环境中使用英语,减少他们在公开场合使用外语时的紧张感和畏惧感,提升语言运用的自信心。小组讨论的另一个优势是培养学生的团队合作精神。每个成员都要为小组的整体表现负责,学生需要学会倾听他人的意见,

协调不同的观点。这不仅对他们的学术发展有益，也为将来的职业发展打下良好的基础。团队合作能力是现代社会中不可或缺的技能，小组讨论为学生提供了一个很好的锻炼平台。

（二）角色扮演

角色扮演是提高学生英语口语表达能力的一种有效方法。通过让学生扮演不同的角色，模拟真实生活中的交流情境，学生可以在一个安全且互动的环境中练习他们的口语技能。这种教学方式不仅能够增加学生的参与感和兴趣，还可以帮助他们更好地理解和应用所学的语言知识。在角色扮演过程中，学生需要运用各种语言技巧来表达自己的观点和情感，从而提高他们的语言应用能力。通过扮演不同的角色，学生可以暂时摆脱自己的身份，变得更加自信和放松。这种心理上的转换有助于学生更加自然地进行英语交流，减少对错误的恐惧。此外，角色扮演活动通常是以小组形式进行的，这也增强了学生之间的互动与合作，从而营造出一个积极的学习氛围。

在模拟真实生活情境时，学生会接触到各种不同的文化习俗和社会规范，从而拓宽他们的文化视野。例如，在模拟国际商务会议或旅游场景时，学生不仅要使用英语进行交流，还需要了解和尊重不同国家的文化差异。通过这种方式，学生能够在语言学习的过程中逐步培养出跨文化交际的能力。在对话过程中，学生不仅要自己说，还要听懂对方的表达，并做出适当的回应。这种实时的互动能够大大提高学生的听力水平和语言反应能力。同时，通过反复练习和角色互换，学生可以在不同的交流情境中不断提高自己的语言表达能力，从而更好地适应各种实际生活中的语言交流需求。

（三）课堂辩论

通过组织辩论赛，学生可以在逻辑推理和语言表达方面得到全面锻炼。辩论要求学生深入研究辩题，收集相关资料，并形成有力的论据，这一过程有助于他们培养批判性思维和信息处理能力。在准备辩论的过程中，学生不仅要学习如何构建清晰有力的论点，还要学会如何应对对方的反驳，从而全面提升逻辑思维能力。在辩论过程中，学生需要用简洁明确的语言表达自己的观点，并通过有效的语言策略说服听众。这不仅考验他们的口才，还要求他们具备良好的语言组织能力和即兴表达能力。通过不断实践，学生在辩论中的语言表达技巧会得到显著提高，从而在其他学术场景和生活场景中也能更加自如地进行交流。

辩论通常是以团队形式进行的，学生需要与队友密切合作，共同制定辩论策略并进行模拟演练。这种合作不仅增强了他们的团队意识，也提升了他们在团队中进行有效沟通和协调的能力。在实际辩论过程中，学生还需要倾听对方的观点，并迅速作出回应，这进一步锻炼了他们的倾听能力和反应速度。不仅如此，辩论赛也为学生提供了一个展示自我和锻炼胆量的平台。在公开场合进行辩论，要求学生具备一定的勇气和自信心。通过一次次的辩论实践，学生的自信心和应对公众演讲的能力会逐步提升。这种自信和勇气不仅有助于他们在学术领域取得成功，也为他们未来的职业发展打下坚实的基础。

二、多媒体辅助教学模式对学生学习兴趣的激发

利用现代科技手段，通过多媒体辅助教学，可以使英语课堂更加生动有趣。

（一）视频资源

通过观看英文电影、纪录片等视频资源，学生不仅可以在生动的情境中接触到地道的英语表达，还能更直观地理解语言的运用。视频中的真实对话和场景为学生提供了丰富的语言输入，这种输入远比课本中的例句和对话更为真实和有趣。在观看视频的过程中，学生不仅能学习到地道的发音和表达方式，还能通过视觉和听觉的结合，加深对语言的理解和记忆。传统的教学方法往往容易让学生感到枯燥和乏味，而通过引入有趣的电影和纪录片，课堂气氛会变得更加活跃和吸引人。学生在观看视频的过程中，可以在不知不觉中提升自己的听力和理解能力，这种轻松愉快的学习方式能够有效地提高他们的学习兴趣和积极性。

通过观看不同类型的英文电影和纪录片，学生可以了解各种文化背景下的风土人情和社会习俗。这不仅有助于他们在语言学习中理解和应用不同的文化概念，也能帮助他们在实际交流中更好地理解和尊重不同文化的差异。例如，通过观看一部关于美国校园生活的电影，学生可以了解美国学生的日常生活和社交习惯，从而更好地准备他们未来的留学生活。电影和纪录片中的对话、场景和情节都可以成为课堂讨论和写

作的素材，老师可以根据视频内容设计各种互动和练习活动，帮助学生更好地理解和运用所学知识。学生不仅能够在听力和理解方面得到锻炼，还能在口语和写作等综合能力上得到全面提升。

（二）音频材料

利用英语广播、歌曲等音频材料，学生可以接触到多样化的英语听力内容，这些内容涵盖了各种口音和表达方式，能够帮助学生更全面地理解和掌握英语听力技巧。通过反复听取这些音频材料，学生可以逐渐习惯不同的语速和发音，从而提升他们在实际交流中的听力理解能力。相比于传统的听力练习题，英语广播和歌曲更加生动有趣，能够吸引学生的注意力并保持他们的学习热情。学生在听歌的过程中，不仅可以享受美妙的音乐，还能不知不觉地提升自己的英语听力水平。此外，英语广播中的新闻、故事和访谈内容丰富多样，可以满足学生的不同兴趣和需求，进一步激发他们的学习动机。

通过每天定时收听英语广播或歌曲，学生可以逐渐养成定期进行听力练习的习惯。这种持续的练习对于提高听力水平至关重要。老师可以引导学生选择适合自己水平和兴趣的音频材料，并在课后进行有针对性练习和复习，从而达到更好的学习效果。英语广播中的新闻报道和访谈，以及歌曲中的歌词，都是真实的语言使用案例，这些案例不仅能够帮助学生学习地道的表达方式，还能让他们更好地理解英语文化。例如，通过收听 BBC 或 NPR 的广播，学生可以了解英语国家的时事和社会热点，这对于他们全面掌握英语和了解英语国家文化都有很大的帮助。

老师可以在课堂上播放精选的英语广播或歌曲，作为听力练习或讨论的素材。学生可以在真实的语境中进行听力训练，并通过讨论和交流进一步加深对音频内容的理解。同时，这种互动式的教学方法也能够提高学生的学习兴趣和参与度。

（三）在线学习平台

学生可以接触到丰富多样的学习资源，如电子书籍、视频课程、练习题库等，这些资源覆盖了不同的学科和知识领域，能够满足学生的多样化学习需求。在这些平台上，学生可以根据自己的学习进度和兴趣，自主选择和安排学习内容，从而培养自我管理和独立学习的能力。此外，在线学习平台提供了多种互动工具，这些工具不仅增强了学生与内容之间的互动，还促进了学生与教师、同学之间的交流。例如，讨论论坛、实时聊天和在线答疑等功能，允许学生在学习过程中提出问题并得到及时解答，这种即时反馈机制能够有效解决学生在学习中遇到的困惑。同时，在线学习平台上的测验和评估工具，可以帮助学生及时检测自己的学习成果，并根据评估结果进行针对性复习和改进，从而不断提高学习效果。

通过平台提供的数据分析功能，教师可以了解每个学生的学习进度和学习效果，发现学生在学习中存在的问题和薄弱环节。教师可以为学生制订个性化的学习计划，提供有针对性辅导和资源，从而更好地满足学生的个性化学习需求。在线学习平台的灵活性和便利性，使教师能够更有效地管理和指导学生的学习，提升整体教学质量。平台上丰富的多媒体资源，如动画视频、互动游戏和虚拟实验等，能够将枯燥的知识变得生动有趣，激发他们的学习热情。通过这些有趣的学习活动，学生不仅能够更好地理解和掌握知识，还能在轻松愉快的氛围中培养学习兴趣和探索精神。这种积极的学习体验，有助于学生保持长期的学习动力和积极性。

在线学习平台为学生提供了广阔的学习空间和时间自由度。学生可以随时随地利用碎片化时间进行学习，不受时间和空间的限制。这种灵活的学习方式，特别适合现代学生的生活节奏，能够帮助他们更有效地利用时间。同时，在线学习平台的便捷性和可访问性，使得优质教育资源能够惠及更多的学生，缩小教育资源分配不均的差距，促进教育公平。[①]

三、任务型教学模式对学生学习兴趣的激发

任务型教学模式通过设定具体的学习任务，促使学生在完成任务的过程中提高英语能力。

（一）项目研究

项目研究是一种有效提升学生语言应用能力和学术研究能力的方法。通过让学生

[①] 孟高旺，杨琳琳. 大学英语课程思政教学的原则与提升路径 [J]. 淮北师范大学学报（哲学社会科学版），2022，43（06）：98-100.

选择一个感兴趣的主题进行深入研究,并用英语撰写报告和展示,他们能够在实际应用中不断提升自己的语言技能。在这个过程中,学生需要查找资料、分析信息、整理数据,并最终形成一份完整的研究报告。这不仅锻炼了他们的英语阅读和写作能力,还培养了他们的批判性思维和研究能力。让学生自由选择研究主题,他们会更有动力去探索和挖掘自己感兴趣的领域。在研究过程中,学生会主动查找和学习大量相关的英文资料,这种主动学习的过程大大提高了他们的学习效果和语言应用能力。同时,撰写英文报告和进行英文展示,能够让他们更好地掌握学术英语的表达技巧,为未来的学术研究和职业发展打下坚实的基础。

通过项目研究,学生的综合能力也得到了全面提升。除了语言和学术能力,他们还需要运用时间管理、团队合作和问题解决等技能。在整个研究过程中,学生需要合理规划时间,确保每个阶段的任务按时完成;如果是小组项目,还需要与队友进行有效沟通和合作,协调各自的任务和进度。这些宝贵的经验不仅有助于他们在学术领域取得成功,也为他们未来的职业生涯积累了重要的能力和经验。通过撰写英文报告和进行英文展示,学生在不断实践中逐渐克服语言表达的障碍,变得更加自信和从容。展示环节还提供了一个公开演讲和接受反馈的机会,学生可以在这个过程中锻炼自己的口才和应对能力。这种自信心和表达能力不仅在学术研究中有所体现,也将在他们的职业和个人发展中发挥重要作用。

(二) 问题解决

设置现实生活中的问题供学生解决,是提升他们实际应用能力和团队合作精神的有效途径。通过让学生面对真实世界中的复杂问题,他们可以将课堂上学到的知识应用于实践,从而更好地理解和掌握这些知识。学生需要分析问题、制定解决方案并实施计划,这不仅锻炼了他们的逻辑思维和解决问题的能力,还增强了他们在实际情境中应用所学知识的能力。通过团队合作,学生可以相互分享和讨论各自的见解和思路,从而集思广益,共同寻找最佳解决方案。这种协作学习模式不仅促进了学生之间的交流与合作,还增强了他们的团队意识和协同能力。在解决问题的过程中,每个学生都有机会发挥自己的特长和优势,学会如何在团队中分工合作、互相支持,这些都是未来职业发展中不可或缺的技能。

面对复杂的现实问题，往往需要突破常规思维，寻找创新的解决方法。通过这种实践活动，学生可以锻炼自己的创造力和创新思维，培养出灵活应变和创新解决问题的能力。同时，学生在实际操作中也会遇到各种挑战和困难，这些经历将帮助他们学会如何在压力和困难面前保持冷静，并找到有效的解决途径。在面对真实问题时，学生需要承担责任，积极参与并为团队贡献自己的力量。这种责任感的培养有助于学生在未来的学习和工作中更加主动和负责。此外，学生在解决问题的过程中，需要不断地进行自我反思和调整，这种自我管理和自我监督的能力也将在他们的个人和职业发展中起到重要作用。

（三）情境模拟

通过在课堂上模拟真实情境，如面试、旅行等，学生可以在逼真的环境中练习和应用他们的语言技能。这种教学方法不仅提供了更多的实际练习机会，还让学生在真实语境中体验语言的使用，从而更好地掌握和运用英语。情境模拟能够帮助学生将课本知识转化为实际交流能力，提升他们听说读写的综合水平。在模拟面试中，学生需要回答各种问题，展示自己的能力和特长；在模拟旅行中，学生需要进行各种情境对话，如订酒店、问路和购物等。这些活动不仅锻炼了学生的英语表达能力，还让他们在模拟的压力环境中学会如何应对不同的情境，从而变得更加自信和从容。通过反复模拟练习，学生可以逐渐克服语言障碍，在真实生活中更自如地进行交流。

在模拟活动中，学生需要与同学合作，进行角色扮演和对话练习。这种互动不仅促进了学生之间的交流与协作，还培养了他们的团队精神和合作能力。例如，学生需要分工合作，完成各种任务，如计划行程、解决突发问题等，这些活动不仅增强了他们的实际应用能力，也提升了他们的团队合作意识。同时，情境模拟丰富了课堂教学的内容和形式，增加了学习的趣味性。相比传统的讲授式教学，情境模拟更加生动有趣，能够吸引学生的注意力和兴趣。在模拟真实情境中，学生不仅是语言的学习者，更是情境中的参与者和实践者，这种角色的转换能够激发他们的学习动力和积极性。通过有趣的情境模拟活动，学生可以在轻松愉快的氛围中学习和应用英语，提升他们的学习效果。

四、趣味性教学模式对学生学习兴趣的激发

趣味性教学模式通过引入游戏和活动，使学习过程变得更加有趣。

（一）英语游戏

拼字游戏通过让学生拼写单词来提高他们的拼写和词汇能力，这种互动性游戏不仅让学习过程变得有趣，还能增强学生的记忆力。此外，猜词游戏则通过提示和猜测的方式帮助学生更好地理解和记忆单词。这种游戏不仅锻炼了学生的思维能力，还增强了他们对语言的敏感度。课堂上使用英语游戏可以打破传统教学的枯燥感，使课堂氛围更加轻松愉快。例如，拼字游戏能够通过竞赛的形式激发学生的积极性和参与感，使他们在愉快的氛围中学习新词汇。猜词游戏则可以通过团队合作的方式培养学生的合作意识和团队精神，同时在互动中学习和巩固知识。在英语教学中，互动性游戏能够有效地吸引学生的注意力，使他们更加专注于学习内容。拼字游戏和猜词游戏的设计不仅符合学生的认知规律，还能激发他们的好奇心和探索欲望。通过游戏，学生们能够在不知不觉中掌握新的知识。

（二）竞赛活动

组织各种英语竞赛是激励学生积极参与学习的有效方法。通过演讲比赛，学生们不仅能够锻炼他们的口语表达能力，还能提高他们的自信心。在准备和参加比赛的过程中，学生们需要不断地练习和改进他们的演讲技巧，这有助于提高他们的英语水平和演讲能力。这类比赛能够促使学生们认真思考和创作，提升他们的写作技巧和逻辑思维能力。在比赛过程中，学生们不仅需要运用他们的英语知识，还需要通过不断地修改和完善来提高他们的写作水平。这样的比赛能够激发学生们的创造力和想象力，使他们在竞争中不断进步。

英语竞赛能够为学生提供一个展示自己才华的平台。通过参与各种比赛，学生们可以将他们在课堂上学到的知识运用于实际，增强他们的实践能力和应变能力。这些比赛还可以培养学生们的团队合作精神和竞争意识，使他们在合作与竞争中不断成长。竞赛活动还能够激发学生的学习动力。通过比赛，学生们可以看到自己与他人的

差距，从而激励自己不断努力和进步。比赛中的奖励机制也可以作为一种激励手段，使学生们在努力学习的过程中获得成就感和满足感。这种积极的学习态度将有助于学生们在未来的学习和生活中取得更大的成功。

（三）文化体验

文化体验活动是让学生感受英语学习多样性和趣味性的有效方式。通过介绍和体验英语国家的节日和习俗，学生们不仅能更好地理解英语语言的背景，还能增强他们的学习兴趣。节日如圣诞节、感恩节和复活节等，不仅是英语国家的重要文化标志，也是了解英语文化的绝佳切入点。通过组织这些节日的相关活动，学生们可以亲身感受到不同文化的魅力。介绍英语国家的传统习俗也是一种丰富学生文化体验的方法。例如，了解英国的下午茶文化，美国的独立日庆祝活动，或者澳大利亚的土著文化，这些都可以让学生对英语国家有更深入了解。在课堂上，老师可以通过多媒体展示、实际操作和角色扮演等方式，让学生们更加直观地感受这些习俗的独特之处。

体验英语国家的文化还能提高学生的跨文化交际能力。跨文化交际能力显得尤为重要。通过文化体验活动，学生们可以学习如何尊重和理解不同文化的差异，从而更好地适应未来的国际交流和合作。这样的活动不仅有助于学生语言能力的提高，还能开阔他们的眼界，增强他们的国际视野。文化体验还可以激发学生的学习动力和兴趣。通过参与各种文化活动，学生们可以在轻松愉快的氛围中学习和使用英语，增加他们的学习兴趣和积极性。例如，模拟英语国家的节日庆祝活动，制作传统食物，或者参与传统游戏，这些都可以让学生在实践中学习，增强他们的动手能力和创造力。

第二节 大学英语课堂模式对学生学习策略的培养

一、目标设定与规划培养

目标是学习的起点，也是前进的动力。当学生能够清晰地知道他们想要达到的目标时，他们更有动力去追求这些目标。因此，作为教育者，我们需要帮助学生设定具体、可行的学习目标。这些目标应该是明确的，量化的，并且具有挑战性，这样学生才能更加努力地去实现它们。一旦学生确定了自己的学习目标，他们需要学会制定一份切实可行的学习计划。这个计划应该包括具体的学习任务和时间安排，以确保学生能够在规定的时间内完成任务并达到目标。此外，学生还需要学会灵活调整学习计划，以适应不同的学习情况和需求。这样的计划能够帮助学生更加有效地利用时间和资源。

教育者应该扮演导师的角色，为学生提供必要的指导和支持。他们可以通过定期的辅导和指导帮助学生解决学习中遇到的问题，并提供建设性的反馈，帮助学生发现自己的不足之处并加以改进。同时，教育者还可以通过监督学生的学习进度，及时发现问题并给予帮助，确保学生能够按时完成学习任务并达到预期的学习目标。在整个目标设定与规划培养的过程中，教育者需要不断激发学生的学习动力和积极性。他们可以通过激励和赞扬来增强学生的自信心，鼓励他们克服困难，坚持不懈地追求目标。同时，教育者还可以与学生建立良好的沟通和合作关系，积极倾听他们的意见和建议，共同制定适合自己的学习计划，并共同努力实现学习目标。这样的合作关系能够增强学生的归属感和责任感，促进他们更好地完成学习任务，并取得更好的学习成绩。

二、自主学习能力培养

自主学习不仅仅是学生在课堂上接受知识，更重要的是培养他们主动探索、自我学习的意识和能力。在这个信息爆炸的时代，学生需要具备的不仅是传统的知识储备，更需要具备独立思考和自主学习的能力，以适应未来社会的快速变化和挑战。为了培养学生的自主学习能力，教育者需要为他们提供良好的学习环境和资源。这包括丰富多样的学习资源，如图书馆、网络、教学软件等，让学生可以根据自己的兴趣和需求自由选择学习内容和方式。同时，教育者还可以通过组织讨论、研讨会等活动，鼓励学生分享学习经验和资源，促进他们之间的合作和交流，从而激发学生的学习兴趣和动力。

教育者可以通过激发学生的好奇心和探索欲望，引导他们主动提出问题、寻找答案，并对所学知识进行深入思考和分析。同时，教育者还可以给予学生适当的自主学习任务，让他们通过实践和反思来提高自己的学习能力。这样的任务可以是独立完成的项目、小组合作的探究活动等，既能够锻炼学生的独立思考和解决问题的能力，又能够促进他们的合作精神和团队意识。现代社会提供了丰富多样的学习资源，如网络课程、在线论坛、开放式课程等，学生可以通过这些资源获取到更广泛、更深入的知识。教育者可以引导学生如何有效地利用这些资源，提高他们的信息获取和筛选能力，培养他们的自主学习意识和能力。同时，教育者还可以通过给予学生一定的自主学习任务，从而培养其自主学习的意识和能力。

在培养学生自主学习能力的过程中，教育者需要不断调整和完善教学方法和手段，以适应学生的个性化学习需求。他们可以通过定期的学习评估和反馈，及时调整教学内容和方式，为学生提供更加个性化和有效化的学习支持。同时，教育者还应该给予学生充分的信任和自由，鼓励他们勇于尝试、不断探索，培养他们独立思考和解决问题的能力，从而真正实现自主学习的目标。

三、有效阅读策略培养

在信息爆炸的时代，学生需要具备快速获取和理解信息的能力，而不仅仅是被动接收信息。因此，教育者需要教授学生使用不同的阅读策略，如预览、快速阅读和深度阅读，以帮助他们更加有效地处理和理解大量的阅读材料。预览是一种重要的阅读策略，可以帮助学生快速了解文章的主题、结构和重点。在预览阅读中，学生可以通过浏览标题、副标题、目录、图表和引言等部分，获取文章的整体框架和主要内容，从而在阅读过程中有一个清晰的认识和指导。这样的预览能够帮助学生更好地理解文章的主题和结构，快速抓住文章的重点，提高阅读效率。

快速阅读并不意味着忽略文章的细节，而是通过快速浏览和理解文章的主要内容和逻辑结构，以获取整体理解。在快速阅读中，学生可以使用一些技巧，如跳读、略读和扫视等，快速抓取文章的关键信息和主要观点，同时留意关键词和关联词语，从而加深对文章的理解。在深度阅读中，学生需要仔细阅读和分析文章的每一个细节，理解作者的观点和论据，并进行思考和批判性思维。深度阅读不仅仅是被动接收信息，更重要的是主动思考和分析信息，提出自己的见解和观点。因此，教育者需要教授学生如何进行深度阅读，引导他们通过提问、讨论和写作等方式，加深对文章的理解和思考，培养他们的批判性思维和创造性思维能力。

在教授学生阅读策略的过程中，教育者需要根据学生的实际情况和需求，选择合适的教学方法和手段。他们可以通过讲授、示范、演练和实践等方式，帮助学生掌握不同的阅读策略，并提供实时的指导和反馈，帮助学生不断提高阅读能力和效率。同时，教育者还可以鼓励学生多读多练，培养他们的阅读习惯和兴趣，从而更好地应对日后的学习和工作挑战。

四、听力技巧的培养

听力作为语言学习的重要组成部分，对于学生的语言学习和交流能力至关重要。因此，教育者需要提供各种听力材料和练习，并教导学生如何有效地倾听并抓住关键信息，以培养听力技能。这些材料可以包括录音、视频、讲座、对话等不同形式的听力素材，涵盖各个不同主题和语言风格。通过接触不同类型的听力材料，学生可以更全面地了解语言的应用场景和语言的变化特点，从而提高自己的听力能力和应对不同场合的能力。

在倾听过程中，学生需要注意掌握听力材料的主题和大意，抓住关键词和关键信息，并理解其上下文和语境。为此，教育者可以教授学生一些听力技巧，如预测、略读、扫视、重点标记等，帮助他们更加有效地进行听力理解和分析。同时，教育者还可以通过各种练习和活动，帮助学生提高听力技能。这些练习可以包括听力理解、听力笔记、听力复述、听力转述等不同形式的听力训练，既可以提高学生的听力水平，又可以培养他们的听力技能和听力策略。通过不断听力练习，学生可以逐渐提高自己的听力水平和应对不同听力场合的能力，从而更好地应对语言学习和实际交流的挑战。

在教导学生听力技巧的过程中，教育者需要设计合适的教学内容和方法。他们可以通过听力讲解、听力示范、听力练习等方式，帮助学生掌握听力技巧和策略，提高他们的听力水平和听力能力。同时，教育者还可以鼓励学生多听多练，积极参与听力活动和交流，不断提高自己的听力水平和应对能力，从而更好地适应语言学习和实际交流的需求。

五、口语表达能力培养

口语作为语言的重要组成部分，对于学生的学习和生活都具有重要意义。因此，教育者需要组织各种口语练习活动，鼓励学生勇于开口，提供实时反馈，帮助他们提高口语表达能力。在口语练习活动中，教育者可以设计各种生动有趣的口语活动，如角色扮演、小组讨论、情境模拟、口语比赛等,激发学生的学习兴趣和参与热情。学生可以有机会运用所学语言进行实践,积极参与交流,提高自己的口语表达能力和应对能力。

除了组织口语练习活动,教育者还需要为学生提供实时反馈,帮助他们发现和改正口语表达中的问题。在口语练习过程中,教育者可以及时指出学生的语法错误、发音问题、用词不当等,同时给予建设性的指导和建议,帮助学生提高口语表达的准确性和流利度。此外,教育者还可以通过各种方式激励学生勇于开口,积极参与口语练习。他们可以给予表扬和奖励,鼓励学生克服害羞和紧张情绪,敢于表达自己的想法和观点。同时,教育者还可以为学生提供安全、舒适的学习环境,让他们放松心情,自信地展示自己的口语表达能力。

在口语表达能力培养过程中,教育者需要注重个性化教学,根据学生的实际情况和需求,设计合适的口语练习内容和方法。他们可以根据学生的语言水平和学习目标,有针对性地进行口语训练,帮助他们解决具体的口语表达问题,提高口语表达能力。

六、写作技巧的培养

培养学生的写作技巧是提高其语言表达能力和思维逻辑能力的关键。写作作为语言学习的重要组成部分,对于学生的学习和成长都具有重要意义。因此,教育者需要教导学生写作的基本技巧,如构思、组织思路、表达清晰,并通过练习和指导逐步提高他们的写作水平。教育者可以教导学生如何从主题出发,进行构思和规划。学生可以通过列出关键词、制定提纲、展开思维等方式,梳理自己的思路和观点,确立写作的目标和主题。这样的构思过程能够帮助学生明确自己的写作方向,提高写作的针对性和效率。

学生需要合理地组织自己的思路和观点,确保文章的结构清晰、层次分明。他们可以通过分段、使用过渡词、展开论述等方式,将文章的内容组织成一个有机的整体,使读者能够理解和接受自己的观点和论述。这样的组织思路能够提高文章的逻辑性和连贯性,增强写作的说服力和吸引力。学生需要选择恰当的语言和表达方式,确保自己的观点和意图能够清晰地传达给读者。他们可以通过简洁明了的语句、生动形象的描述、具体的例证等方式,增强文章的表现力和感染力,使读者产生共鸣和认同。这样的清晰表达能够提高文章的质量和效果，使其更具有说服力和影响力。

在教导学生写作技巧的过程中，教育者需要通过练习和指导逐步提高学生的写作水平。他们可以设计各种写作任务和练习，如写作文章、写作日记、写作作文等，让学生不断地实践和反思，积累写作经验和提高写作能力。同时，教育者还可以给予学生实时的指导和反馈，帮助他们发现和改正写作中的问题，提高写作的准确性和效率。

七、词汇与语法学习的培养

学生的词汇和语法学习是语言学习的基础，对于提高其语言运用能力和沟通能力至关重要。因此，教育者需要提供系统的词汇和语法学习资源，如词汇表、语法练习题等，帮助学生巩固基础知识。教育者可以通过提供丰富多样的词汇资源，如词汇表、单词卡片、词汇书籍等，帮助学生扩大词汇量，掌握常用词汇和短语，提高词汇运用能力。同时，教育者还可以设计各种词汇练习和活动，如词汇测试、词汇游戏、词汇拼写等，让学生通过实践和反复练习，巩固和加深对词汇的理解和掌握。

教育者可以通过提供系统的语法学习资源，如语法书籍、语法练习题等，帮助学生理解和掌握语言的基本结构和规则，提高语法运用能力。同时，教育者还可以设计各种语法练习和活动，如语法填空、句子改错、语法解析等，让学生通过实际操作和练习，巩固和加深对语法知识的理解和掌握。他们可以通过课堂讲解、示范演示、小组讨论等方式，向学生介绍和解释词汇和语法知识，激发学生的学习兴趣和积极性。同时，教育者还可以根据学生的水平和学习目标，设计个性化的词汇和语法学习计划，帮助他们有针对性地进行学习和练习，提高学习效率和质量。

在教育者的指导下，学生需要注重词汇与语法学习的持续性和系统性。他们应该积极主动地参与词汇和语法学习活动，注重词汇量的积累和语法规则的掌握，不断提高语言运用能力和表达能力。同时，学生还应该通过阅读、听力、口语等方式，将所学的词汇和语法知识运用到实际语言环境中，加深对语言的理解和运用。

八、学习策略的反思与调整培养

通过引导学生反思自己的学习过程和策略的有效性，鼓励他们根据反思结果调整和优化学习策略，可以帮助他们更好地应对学习挑战，提升学习成果。学生在学习过程中，常常会遇到各种困难和挑战。这时，引导他们进行学习策略的反思是十分重要的。学生可以通过回顾自己的学习过程，分析学习中遇到的问题和困难，探讨自己采取的学习策略是否有效，以及是否有改进的空间。这样的反思过程能够帮助学生更清晰地认识自己的学习情况和需求，为调整学习策略提供基础和动力。

在进行学习策略的反思后，学生需要根据反思结果进行相应的调整和优化。他们可以根据自己的实际情况和需求，选择适合自己的学习策略，并制定具体的实施计划。例如，如果发现自己在课堂学习中注意力不集中，可以尝试调整学习环境；如果发现自己在记忆单词时效果不佳，可以尝试采用联想法、记忆法等方法，提高记忆效果。通过不断地调整和优化学习策略，学生可以提高学习效率和成果，更好地实现个人学习目标。教育者在引导学生进行学习策略的反思和调整时，需要关注以下几个方面。首先，教育者需要给予学生足够的自主权和支持，鼓励他们根据自己的实际情况和需求进行反思和调整，不断提升自己的学习能力。其次，教育者需要为学生提供指导和帮助，引导他们正确理解和运用学习策略，确保调整和优化的有效性。最后，教育者还应该通过实时的反馈和评价，及时发现学生在学习过程中的问题和困难，为其提供相应的帮助和支持。

在学习策略的反思与调整过程中，学生还应该注重持续性和系统性。他们应该将反思和调整作为学习的一部分，不断地进行学习策略的检验和完善，提高学习的有效性和成果。同时，学生还应该积极主动地寻求帮助和支持，与教育者和同学进行交流和合作，共同探讨和解决学习中的问题，实现个人学习目标。

第三节 大学英语课堂模式对学生综合素质的提升

一、文化意识的培养

通过在教学中融入英语国家的文化背景和习俗，学生能够更深刻地理解语言的内涵，从而拓宽他们的国际视野。文化背景知识有助于学生在实际交流中更自然地使用语言，避免因文化差异引起的误解和尴尬。通过阅读英美文学作品，学生可以感受到不同历史时期的社会风貌和人文精神。例如，阅读莎士比亚的戏剧作品，可以让学生了解 16 世纪英国的社会背景及其对人性的探讨。通过阅读狄更斯的小说，可以深入理解 19 世纪工业革命时期英国社会的变迁。这些作品不仅丰富了学生的文化知识，还培养了他们的批判性思维能力。

通过观看英语国家的经典电影和电视剧，学生可以更直观地感受不同国家的生活方式和社会习俗。例如，《哈利·波特》系列电影不仅展示了英国的风景名胜，还通过人物对白和情节发展展现了英国的教育制度和社交礼仪。同样，《老友记》这类美剧则提供了美国都市生活的全景，帮助学生理解美国人的思维方式和价值观。此外，通过参与跨文化交流活动，学生可以亲身体验不同文化的魅力。例如，学校可以组织国际文化节，让学生有机会与来自不同国家的师生进行交流，分享各自的文化习俗。这不仅能够增强学生的文化自信心，还能培养他们的跨文化交际能力。在交流过程中，学生需要运用所学的英语知识进行沟通，这也是对他们语言能力的实际检验。

在讲解语言知识的同时，教师可以适时引入相关的文化背景知识。例如，在教授节日词汇时，可以介绍英语国家的传统节日，如圣诞节、感恩节的起源及其庆祝方式。通过这些文化知识的补充，学生不仅学会了语言，还能更好地理解语言背后的文化内涵。学生可以通过访问英语国家的新闻网站、参加在线讨论论坛等方式，了解最新的文化动态和社会热点。这些丰富的资源为学生提供了广阔的学习平台，使他们能够不断更新自己的文化知识，保持与时俱进。

二、语言实践能力的培养

在现代语言教学中，注重语言的实际运用对提高学生的语言表达能力至关重要。通过多种方式和活动，学生可以在真实的语言环境中不断实践和提高自己的语言技能。

（一）鼓励口语交流

为了提高学生的口语表达能力，教师应鼓励学生在课堂内外进行频繁的口语交流活动。在课堂上，可以通过分组讨论、角色扮演等方式，让学生在互动中练习口语。例如，教师可以设置一些日常情景对话，让学生模拟日常生活中的交流场景，如购物、问路等。学生不仅可以练习口语，还能增加语言运用的自信心。此外，教师还可以组织课外活动，如英语角、口语俱乐部等，为学生提供更多的口语练习机会。在这些活动中，学生可以与同学、外教或其他英语爱好者进行自由交流，分享自己的观点和经验。这些实践活动不仅能提升学生的口语水平，还能培养他们的沟通技巧和团队合作精神。

（二）强化写作练习

教师应设计多样化的写作任务，帮助学生在不同的文体和题材中练习写作技能。例如，可以让学生撰写日记、书信、新闻报道、观点文章等，通过这些练习，学生可以学会运用不同的写作技巧和表达方式。为了提高学生的写作能力，教师应注重写作过程中的反馈和修改环节。在学生完成写作任务后，教师可以进行详细的批改，指出其中的语言错误和表达问题，并提供改进建议。此外，教师还可以组织同伴互评，让学生相互交流和学习，通过讨论和修改提高写作水平。

（三）创设语言实践场景

通过模拟商务会议、演讲比赛等活动，学生可以在真实场景中运用所学知识，提升语言运用的准确性和流利度。例如，教师可以组织模拟商务会议，让学生扮演不同的角色，如经理、客户、销售人员等，通过讨论和谈判解决实际问题。学生需要运用所学的商务英语词汇和表达方式，提升专业领域的语言运用能力。演讲比赛也是一种有效的语言实践活动。[1] 通过准备和演讲，学生可以提高语言表达的逻辑性和条理性，并增强公共演讲的自信心。在演讲比赛中，学生不仅要展示语言能力，还需要展示思维能力和应变能力，这对综合素质的提升具有重要作用。

（四）利用多媒体和网络资源

利用多媒体和网络资源可以丰富语言实践的形式和内容。教师可以通过播放英语电影、电视节目、纪录片等多媒体资料，让学生在听力和观影中学习语言。通过观看这些资料，学生可以接触到地道的英语表达和文化背景，从而提高听力理解和语言模仿能力。教师可以推荐一些优秀的英语学习网站、在线课程和应用程序，帮助学生在课余时间进行自主学习。例如，通过参加在线讨论论坛、写作平台等，学生可以与全

---

[1] 申菁. 例谈英语写作教学中范文编写的原则［J］. 小学教学研究，2022（25）：29-31+37.

球的学习者交流，分享自己的学习成果和经验。此外，教师还可以利用社交媒体平台，开展在线口语练习和写作任务，让学生在真实的网络环境中实践语言。

三、信息素养的培养

信息素养是现代教育中不可或缺的一部分，它不仅包括获取信息的能力，还包括评估和利用信息的技能。信息素养的培养尤为重要，因为学生需要在大量信息中找到有用的资源并有效地加以利用。以下将从四个方面详细论述如何培养学生的信息素养。

（一）教导学生有效获取信息的能力

教师应教导学生如何有效地搜索和获取信息。例如，教师可以教授学生使用搜索引擎的技巧，如使用关键词、布尔运算符、过滤器等，以提高搜索效率。此外，教师还应介绍一些权威的英语学习网站和数据库，帮助学生找到高质量的学习资源。在实际教学中，教师可以通过任务驱动的方式让学生练习信息获取技能。例如，布置一个研究项目，要求学生查找相关的英语资料，并在课堂上分享他们的搜索过程和结果。这不仅能提高学生的信息获取能力，还能增强他们的自主学习意识。

（二）培养学生评估信息的能力

学生在获取信息后，需要判断信息的可靠性和准确性。教师应教导学生如何评估信息来源的权威性和可信度。例如，教师可以讲解如何判断一个网站的可信度，包括检查域名、查看作者背景、分析引用来源等。为了帮助学生更好地掌握信息评估技能，教师可以设置一些案例分析活动。例如，给学生提供几篇不同来源的英语文章，让他们分析并评估每篇文章的可信度，找出其中的不可靠信息。这种实践活动不仅能提高学生的评估能力，还能培养他们的批判性思维。

（三）引导学生利用信息进行英语学习

教师应引导学生充分利用互联网资源，提高他们的自主学习能力。例如，可以让学生定期访问英语学习网站，观看英语学习视频，参加在线讨论等。学生可以不断扩展他们的词汇量和知识面。社交媒体也是学生学习英语的有力工具。教师可以推荐一些英语学习的社交媒体账号,如英语学习博主、语言学习群组等,让学生在社交媒体上进行互动和交流。例如,通过在 Twitter 上关注英语学习标签,学生可以获取大量的学习资源和信息,与其他学习者分享心得和经验。

(四) 培养学生的信息利用技能

在获取和评估信息后,学生需要将这些信息应用到实际学习中。教师应指导学生如何有效地整合和利用信息。例如,在写作练习中,教师可以要求学生查找相关资料,并引用这些资料来支持他们的观点。学生可以学会如何在写作中合理运用信息,提高文章的论证力和说服力。此外,教师还可以鼓励学生进行项目式学习,让他们在完成项目的过程中应用所获取的信息。例如,开展一个关于某个英语文化主题的研究项目,要求学生查找相关资料,撰写报告并进行展示。通过这种综合实践活动,学生不仅能提高信息利用技能,还能增强团队合作和沟通能力。

四、跨学科综合能力的培养

在现代教育中,培养学生的跨学科综合能力越来越受到重视。将英语教学与其他学科知识相结合,不仅能够丰富学生的知识结构,还能提升他们的综合素质。

(一) 融合文学与英语教学

将文学与英语教学相结合是培养学生跨学科综合能力的一种有效方式。通过阅读和分析英语文学作品,学生不仅可以提高语言能力,还能加深对历史、文化和社会的理解。例如,在教授《傲慢与偏见》时,教师可以引导学生了解 19 世纪英国的社会背景、阶级结构和女性地位。这不仅有助于学生更好地理解小说内容,还能培养他们的批判性思维和人文素养。此外,教师可以组织学生进行文学讨论和写作,鼓励他们用英语表达对作品的见解和感受。学生不仅能够提升语言表达能力,还能增强对文学作品的欣赏能力和分析能力。

(二) 结合历史与英语教学

结合历史与英语教学可以拓展学生的知识面,增强他们的跨学科综合能力。例如,在教授英语语言的同时，教师可以引入相关的历史背景知识，如英国的历史发展、美国的独立战争等。通过这些历史事件的讲解，学生可以更好地理解语言的发展和演变，以及文化的传承和影响。为了让学生更深入地理解历史与英语的关系，教师可以组织学生进行历史研究项目。例如，要求学生查找有关某一历史事件的资料，并用英语撰写报告和进行演讲。学生不仅能提高英语语言能力，还能增强对历史的理解和研究能力。

（三）结合科技与英语教学

将科技与英语教学相结合，可以激发学生的学习兴趣，提升他们的跨学科综合能力。现代社会中，科技的发展日新月异，学生需要掌握相关的科技知识和英语表达能力，以应对未来的挑战。教师可以在课堂上介绍最新的科技发展和科学发现，鼓励学生用英语进行讨论和交流。例如，教师可以设置一些科技专题讨论，让学生查找有关人工智能、基因编辑、太空探索等领域的资料，并用英语进行汇报和讨论。学生不仅可以掌握科技领域的最新动态，还能提升他们的英语表达和沟通能力。

（四）组织跨学科项目实践

通过实际问题的解决，学生可以将所学的英语知识与其他学科知识相结合。教师可以设计一些跨学科的项目实践活动，让学生在团队合作中运用多学科知识解决实际问题。例如，可以组织一个环境保护项目，要求学生查找有关环境污染的资料，并用英语撰写报告和制作海报。学生需要运用地理、化学、生物等学科知识，分析环境污染的原因和解决方案，同时还要用英语进行展示和交流。通过这种项目实践，学生不仅能够提高跨学科综合能力，还能培养团队合作精神和实践能力。

五、思维品质的培养

思维品质的培养是教育中至关重要的环节，它不仅关系到学生的学业表现，还影响他们在未来生活和职业中的表现。通过引导学生进行批判性思维和创造性思维等高层次思维训练，培养他们的自主学习能力和解决问题的能力，可以显著提高学习动机和学习质量。

（一）培养批判性思维

批判性思维指的是能够分析、评价和构建论点的能力。在教学中，教师应鼓励学生质疑和思考，而不是盲目接收信息。例如，教师可以通过提出开放性问题，引导学生从不同角度思考问题，培养他们的批判性思维能力。此外，教师可以组织辩论活动，让学生在辩论中学会如何搜集信息、分析论点、质疑和支持自己的观点。通过辩论，学生不仅可以提高逻辑思维能力，还能培养他们的表达能力和团队合作精神。在这种环境中，学生能够不断挑战自己的思维，提升批判性思维品质。

（二）激发创造性思维

培养学生的创造性思维需要教师在教学中营造一个自由、开放的环境，鼓励学生大胆想象和尝试。例如，教师可以通过设定开放性任务，如创新项目、设计比赛等，让学生在完成任务的过程中运用创造性思维。在具体教学中，教师可以通过引导学生进行头脑风暴、情景模拟等活动，激发他们的创造力。例如，在英语写作课上，教师可以给学生设定一个情景，让他们自由发挥想象，创作一个短篇故事。学生不仅能够提高语言表达能力，还能激发他们的创造性思维。

（三）培养自主学习能力

自主学习能力指的是学生能够自我规划、自我监控和自我评价的能力。教师应引导学生学会制定学习计划，教师可以鼓励他们进行自我反思和总结。例如，在每次学习任务完成后，让学生写下自己的学习心得和收获，反思学习过程中遇到的问题和解决方法。学生能够不断调整和优化自己的学习方法。此外，教师可以利用现代信息技术手段，提供丰富的学习资源和工具，帮助学生进行自主学习。例如，通过在线学习平台、电子图书馆等资源，学生可以根据自己的兴趣和需要，选择适合自己的学习内容和方式，从而提高自主学习能力。

（四）提升解决问题的能力

解决问题的能力不仅包括找到问题的答案，还包括分析问题、制定解决方案和实施解决过程的能力。教师应在教学中有意识地培养学生解决问题的能力，通过实践活动和实际问题的解决，提高他们的思维品质。例如，教师可以通过案例分析、项目实践等方式，让学生在解决实际问题的过程中应用所学知识和技能。学生能够学会如何分析问题、制定方案、实施方案和评估结果，从而提升他们的综合素质和解决问题的能力。

第四节　大学英语课堂模式对学生创新能力的培养

一、大学英语课外活动与创新能力培养

（一）英语俱乐部

英语俱乐部是学校中一个非常重要的社团组织，其作用远不止于传授语言知识。在这个全球化的时代，掌握一门流利的英语不仅是一种技能，更是一种竞争力。因此，鼓励学生积极参加英语俱乐部，不仅有助于提升他们的语言水平，还可以培养其表达能力和团队合作精神。在英语俱乐部中，举办各种形式的活动是必不可少的。通过组织英语演讲，可以锻炼学生的口语表达能力，让他们敢于开口，流利地用英语表达自己的想法。而举办辩论比赛，则可以培养学生的逻辑思维和辩论技巧，让他们学会在辩论中论证观点、驳斥对方，从而提高他们的思维深度和说服力。此外，戏剧表演也是一个很好的方式，通过表演英语话剧，学生不仅可以提高英语听说能力，还可以培养他们的表达情感和角色扮演能力。

除了提升语言能力，英语俱乐部还是一个展示创意和创新的平台。在这里，学生可以尽情发挥自己的想象力和创造力，创作出各种有趣的英语作品，如英语歌曲、英语诗歌、英语小说等。通过这些作品的展示，不仅可以激发学生学习英语的兴趣，还可以培养他们的创新精神和团队合作能力。

（二）竞赛与挑战

竞赛与挑战一直是教育中的重要组成部分。英语竞赛，无论是演讲比赛还是创新

创业大赛,都为学生提供了展示自己、锻炼技能的平台。在这些竞赛中,学生们不仅仅是在追求奖项,更是在寻找机会展现自己的才华和创造力。通过参与竞赛,他们能够在激烈的竞争中学会合作、提高自信、发展创新思维。学生们通过演讲展示他们的口语表达能力和逻辑思维能力。他们需要选取合适的主题,组织清晰的结构,用恰当的语言打动观众。这不仅考验了他们的英语水平,更锻炼了他们的思维能力和表达能力。而在创新创业大赛中,学生们可以通过团队合作,提出创新的商业理念,并将其落实成可行的商业计划。这要求他们具备丰富的想象力和创造力,同时需要运用英语来准确地表达他们的想法和计划。

参与竞赛不仅能够锻炼学生的语言能力,更能够激发他们的竞争意识和创新能力。在竞争中,学生们会感受到来自同龄人的压力,这促使他们不断努力提升自己,争取取得更好的成绩。竞争还能够激发学生的创新精神。为了脱颖而出,他们会不断寻找新的思路和方法,挖掘自己的潜力。这种竞争与挑战的氛围激发了学生们追求卓越的动力,促进了他们全面发展。在团队合作中,学生们需要相互协作,充分发挥每个人的优势,共同完成任务。通过与队友的交流和合作,他们学会了倾听、尊重和信任,形成了良好的团队氛围。这种团队合作精神不仅在竞赛中有所体现,在日常生活和工作中也能够帮助他们更好地适应社会。

(三)国际交流

通过推动学生参加国际交流项目,如海外留学、国际夏令营等,可以为他们拓宽国际视野,培养跨文化创新思维。这些项目为学生提供了与不同文化背景的人交流的机会,促使他们更加开放包容,理解并尊重不同的文化差异。在海外留学期间,学生们不仅能够接触到当地的教育体系和学术氛围,更能够融入当地社会,了解并体验当地的文化。他们需要适应新的生活环境,与不同国家的同学交流学习,这种跨文化的交流能够让他们更加开阔眼界,培养他们的跨文化意识和创新思维。

国际夏令营是另一种推动国际交流的方式。这些夏令营通常为学生提供了丰富多彩的课程和活动,如文化交流、学术讲座、户外探险等。学生们可以与来自世界各地的同龄人一起参与这些活动,互相学习、交流、合作。在这样的环境中,他们不仅能够提高自己的语言能力,更能够结交国际友人,拓展自己的人际关系网络,这对于他们未来的学习和工作都将大有裨益。在国际交流中，学生们需要适应不同的文化环境和生活方式，学会尊重和理解他人的观点和习惯。这种跨文化的体验能够激发他们的创新思维，启发他们发现并解决问题的新方法。他们会从不同文化中汲取灵感，结合自己的学习和生活经历，产生全新的思考方式和创意。此外，国际交流也为学生提供了更广阔的发展空间。通过参加国际交流项目，学生们可以接触到全球范围内的先进科技和学术成果，了解不同国家的发展现状和未来趋势。这有助于他们更好地把握机遇，拓展自己的职业发展路径，为将来的学习和工作做好准备。

二、大学英语教师角色与创新能力培养

（一）创新型教师团队

在当今教育领域，建立一支具备创新意识和能力的教师团队至关重要。这样的团队不仅能够提升教学水平，还能够激发学生的创新潜力，推动学校的发展。通过系统的培训和积极交流，可以有效提升教师的教学创新能力，为教育事业注入新的活力。教育是一个不断发展和变革的领域，创新是教师们应该具备的重要素质。建立创新型教师团队意味着教师们需要具备敢于尝试新方法、勇于突破传统的精神。这需要教师们不断学习、不断探索，积极寻找适合自己和学生的教学方式和方法。

为了建立这样一支创新型的教师团队，教育机构可以开展各种形式的培训活动。这些培训可以包括教学方法的创新、课程设计的创意、教育技术的应用等方面的内容。通过系统培训，教师们可以了解最新的教育理论和实践，掌握先进的教学技能和方法，提高自己的教学水平。此外，教师们之间的交流和合作也是提升教学创新能力的重要途径。建立一个开放、包容的交流平台，可以让教师们分享彼此的经验和教学方法，互相学习、互相启发。通过交流，教师们可以了解不同学科、不同年级的教学特点和需求，从而更好地调整自己的教学策略，提升教学效果。另外，教育机构还可以鼓励教师们参与教育研究和课题探讨。这些研究和探讨可以围绕教学实践中的具体问题展开，通过理论研究和实证分析，找到解决问题的有效方法和策略。这不仅可以提升教师们的学术水平，更可以促进教育教学的创新和发展。

（二）教师示范

教育是一项重要而又复杂的任务，而教师作为教育的引导者和实践者，承担着培养学生创新精神和能力的重要责任。教师应以身作则，成为学生的榜样，展示创新教学方法和思维。通过教师的示范，可以引导学生积极探索和创新，激发他们的学习热情和创造力。教师作为课堂的主导者和组织者，应该充分发挥自己的专业优势，积极探索和尝试新的教学方法和策略。他们可以结合自己的教学实践和学科特点，设计创新的课堂活动和教学项目，以激发学生的兴趣和潜力。例如，教师可以利用多媒体技术和互动教学工具，打造生动有趣的教学场景，提高他们的学习效果。

教师可以通过引导学生参与实践活动和项目研究。教师可以组织学生参与科学实验、社会调查、项目设计等活动，让他们亲身体验和探索知识，从而培养他们的探索精神和创新意识。教师可以充当学生的指导者和引导者，为他们提供必要的支持和指导，引导他们探索未知领域，解决实际问题。除此之外，教师还可以通过鼓励学生参与各种竞赛和比赛，激发他们的竞争意识和创新能力。教师可以组织学生参加数学建模竞赛、科技发明大赛、创意设计比赛等活动，让他们在比赛中展示自己的才华和创意，从而激发他们的学习热情和创造力。教师可以为学生提供必要的指导和支持，鼓励他们勇于挑战自我，追求卓越。

（三）教学科研

教师应该结合自身的教学实践，开展科研工作，探索有效创新能力培养模式和方法，并将其应用于教学实践中。通过教学科研，教师不仅能够提升自己的教学水平，还能够促进学校教育教学的发展。教师应该通过观察和实践，发现教学中存在的问题，并通过科研的方法和手段，寻找解决问题的有效途径。例如，教师可以开展教学实验，尝试采用不同的教学方法和策略，探索学生学习的最佳路径。通过科研工作，教师可以及时发现和总结教学中的成功经验和失败教训，不断改进自己的教学方法，提高教学效果。

在教学科研过程中，教师应该注重理论和实践相结合，既要关注教育理论的前沿发展，又要结合自身的教学实践，探索解决实际问题的有效方法。例如，教师可以结合学科特点和学生需求，设计创新的教学方案和课程内容，提高学生的学习积极性和主动性。通过理论的指导和实践的检验，教师可以不断优化教学过程，提升教学质量。教师应该加强与同行的交流和合作，共同开展教学科研工作。通过与其他教师的交流和合作，教师可以获取更多的教学经验和教学方法，拓宽自己的教学视野，提升自己的教学水平。例如，教师可以参加学科研讨会和教学研讨班，与其他教师共同探讨教学中的难点和热点问题，分享教学方法和经验，相互学习、相互促进，共同提升教学质量。

教师应该注重教学科研成果的转化和应用。教师可以研发出一系列的教学方法和教学资源，如教学课件、教学视频等，这些成果可以直接应用于教学实践中，为学生提供更加优质的教育服务。同时，教师还可以撰写教学论文和教学案例，分享自己的教学经验和教学成果，为其他教师提供参考和借鉴，促进教育教学的改革和发展。

第五章　新时代大学英语课堂模式的评价与改进

第一节　大学英语课堂模式评价的理论与方法

一、大学英语课堂模式评价的理论

（一）教学目标理论

在教学目标理论中，课堂教学的目标设定和达成情况评价是至关重要的。教学目标不仅指导着教学的方向和内容，也是评价教学效果的关键标准。评价者在进行评价时，需要对课程目标的明确程度、可操作性以及与学生需求的契合度进行分析，同时也需要考察教学活动是否有助于实现这些目标。这一理论的核心是确保教学目标的质量和有效实现。课程目标应该具有清晰、明确表述，能够准确地反映教学内容和教学要求。评价者会关注教学目标是否明确界定了学生需要掌握的知识、技能和能力，以及是否具有可衡量性和可操作性，便于后续的评价和反馈。

评价者需要考查课程目标与学生需求的契合度。教学目标应该符合学生的实际水平和学习需求，能够激发学生的学习兴趣，引导他们积极参与学习。评价者会评估教学目标是否具有针对性和实用性，是否能够满足学生的学习需求和个性化发展。评价者还需要关注教学活动是否有助于实现课程目标。教学活动应该与教学目标密切相关，能够有效地促进学生的学习和发展。评价者会评估教学活动的设计是否合理、有序，能够激发学生的学习兴趣和主动性。

在评价过程中，评价者还需要考虑教学目标的长期性和持续性。教学目标应该是一个动态的过程，能够不断地调整和完善，以适应学生的发展和变化。评价者会评估教学目标是否能够与时俱进，及时调整教学方法和策略，以提高教学效果和满足学生的学习需求。

（二）教学方法论

在教学方法论中，对教学方法的科学性和有效性进行评估是至关重要的。教学方法直接影响到学生的学习效果和教学质量。会审查教师在课堂中采用的不同教学方法，包括讲授、讨论、小组活动等，以及这些方法是否能够促进学生的学习兴趣和能力提升。这一理论的核心是确保教学方法的选择和运用能够科学合理，并且能够有效地促进学生的学习和发展。评价者需要考察教师在课堂中采用的教学方法是否符合教学内容和学生的学习需求。不同的教学内容和学生群体可能需要采用不同的教学方法。评价者会评估教师选择的教学方法是否适合当前的教学环境和教学目标，以及这些方法是否能够有效地引导学生进行学习和思考。

评价者需要关注教学方法的科学性和有效性。教学方法应该建立在教育理论和实践经验的基础上，具有科学的理论依据和教学效果。评价者会评估教学方法是否符合教育教学的基本原理和规律，以及这些方法是否能够有效地激发学生的学习兴趣和积极性。同时，评价者还需要考察教学方法对学生学习兴趣和能力提升的影响。教学方法应该能够激发学生的学习兴趣，提高他们的学习积极性和主动性。评价者会评估教学方法是否能够吸引学生的注意力，激发他们的思考和探索欲望，从而提高他们的学习效果和成绩。

评价者还需要考虑教学方法的灵活性和多样性。教学方法应该具有一定的灵活性，能够根据教学内容和学生特点进行调整和变化。评价者会评估教师是否能够灵活运用不同的教学方法，以满足不同学生的学习需求和个性化发展。

（三）学习成果评价理论

学习成果评价理论聚焦于评估学生在课堂学习中所获得的实际成果和表现。评价者的关注点主要集中在学生的学习效果，涉及语言水平的提高、沟通能力的增强等方面。通过对学习成果的评价，可以全面地评估课堂模式的有效性，为教学质量的提升提供重要的参考依据。评价者会关注学生的语言水平提高情况。语言水平是英语课堂学习的核心内容之一,评价者会通过语言考试、听说读写等多种方式来评估学生的语言能力。他们会观察学生的词汇量、语法应用能力、语音语调等方面的表现,以此来判断学生在语言水平上的提高程度。

评价者会着重考查学生的沟通能力增强情况。沟通能力是英语学习的重要目标之一,评价者会评估学生在口语表达、听力理解、书面表达等方面的表现,以此来判断他们在沟通能力方面的提高情况。这包括学生是否能够流利地进行口语交流、是否能够准确理解他人的意思、是否能够清晰地表达自己的想法等方面。同时,评价者还会关注学生在课堂学习中的积极参与程度。学生的积极参与是评价课堂模式有效性的重要指标之一,评价者会观察学生在课堂中的表现,包括是否能够积极回答问题、是否能够主动提出问题、是否能够与同学进行有效的互动等方面。通过评价学生的积极参与程度,可以间接地反映课堂模式对学生学习动力和兴趣的激发程度。

除此之外,评价者还会关注学生在课堂学习中的综合表现。这包括学生在课堂作业、考试成绩、课堂演讲、小组讨论等方面的表现。通过综合评价学生在不同方面的表现,可以更全面地了解课堂模式的有效性,及时发现问题,并提出改进建议。

(四) 教学反思理论

教学反思理论强调评价过程的反思性和指导性,旨在促进课堂教学质量的持续提升。评价者在执行评价任务时,将鼓励教师和学生对课堂教学进行反思和探讨,以发现问题并提出改进建议。这一理论的核心在于通过反思和探讨,不断改进教学模式,以提高教学效果和学生学习体验。评价者会鼓励教师和学生对课堂教学进行深入思考和反思,分析教学中存在的问题和不足之处。他们将鼓励教师和学生主动反思自己的教学和学习行为,找出导致问题的根源,以便制定有效的改进措施。

评价者将扮演指导者的角色,为教师和学生提供必要的指导和支持,帮助他们解决教学和学习中遇到的困难和问题。他们将引导教师和学生思考如何改进教学方法和学习策略,以提高教学效果和学习成果。同时,教学反思理论强调评价过程应具有探讨性。评价者将鼓励教师和学生之间进行积极讨论和交流,分享彼此的教学和学习经验,共同探讨教学中的问题和挑战。他们将促进教师和学生之间的互动和合作,形成共识,共同寻找解决问题的有效途径。

评价者还将注重评价结果的反馈性。他们将及时向教师和学生反馈评价结果，指出存在的问题和改进建议，为他们提供具体的改进方向和措施。评价者将与教师和学生密切合作，共同制定改进计划，跟踪和评估改进效果，以确保评价过程具有实效性和可持续性。

二、大学英语课堂模式评价的方法

（一）学生参与度评价

评价学生参与度的方法多种多样，可以通过记录学生在课堂上的参与情况，也可以通过向学生发放调查问卷或进行小组讨论来了解他们的看法和评价。这两种方法相辅相成，可以为评价者提供全面的信息，从而更好地评估学生的积极程度和参与度，以及他们对课堂教学模式的反馈和评价。通过记录学生在课堂上的参与情况来评价学生的积极程度和参与度。评价者可以通过观察学生是否积极提问、回答问题，是否参与讨论和小组活动等方式，来评估学生的参与程度。他们可以记录每位学生在课堂上的发言次数、提问次数以及参与讨论的情况，以此了解学生在课堂上的活跃程度和参与度。通过这种方法，评价者可以客观地评估学生在课堂教学中的表现，并针对不同学生制定相应的改进措施。

通过向学生发放调查问卷或进行小组讨论来了解他们对课堂教学模式的看法和评价。评价者可以设计相关的调查问卷或讨论指南，包括课堂教学内容、教学方法、教学氛围等方面的问题，以了解学生对课堂教学的感受和评价。他们可以询问学生是否感兴趣，是否觉得课堂教学有挑战性，以及他们对教师的教学方法和教学效果的看法等。评价者可以了解学生的需求和期望，提高课堂教学的效果和学生的参与度。

（二）学习成绩评价

通过期中和期末考试成绩以及作业和项目质量的评估，可以客观地反映学生对课堂教学内容的掌握程度和学习效果，从而为教学改进提供重要参考。通过对学生在考试中的表现进行评估，可以了解他们对课堂教学内容的掌握程度和学习效果。评价者可以分析学生的考试成绩分布情况，了解学生的整体学习水平和学科掌握情况。同时，他们还可以对比学生在不同考试阶段的成绩变化，以了解学生在课程学习过程中的学习进展和成长。

作业和项目是课堂教学的重要组成部分，通过对学生的作业和项目质量进行评估，可以了解他们在课堂学习中的实际表现和成绩。评价者可以分析学生的作业和项目完成情况，包括写作作业、演讲、小组项目等，从而了解他们的学习能力、创新能力和团队合作能力等方面的表现。通过综合分析期中和期末考试成绩以及作业和项目质量，评价者可以全面地了解学生在课堂学习中的表现和成绩。他们可以发现学生在学习中存在的问题和不足之处，及时采取相应的措施进行改进和提升。同时，评价者还可以针对不同学生的学习情况和成绩，制定个性化的辅导和指导方案，帮助他们提高学习成绩和学习能力。

（三）教师教学效果评价

在评估教师的教学效果时，观察者需要综合考量多个方面，包括教学方法、内容设计和学生参与等。通过对这些因素的评估，可以全面了解教学的质量和效果。观察者需要关注教师的教学方法。这包括教师在课堂上所采用的教学手段和策略，例如讲授、示范、引导等。好的教学方法能够激发学生的学习兴趣，提高他们的学习效率。观察者可以评估教师是否灵活运用多种教学方法，是否能够根据学生的不同特点采取相应的教学策略。

教学内容应当符合课程目标和学生的学习需求，内容的组织应当合理，条理清晰。观察者可以评估教师是否能够将抽象的知识内容转化为生动易懂的教学内容，是否能够引导学生建立知识的框架，促进他们的思维发展。另外，观察者还需要关注学生的参与情况。学生的积极参与是评价教学效果的重要指标之一。观察者可以评估学生是否能够积极思考、主动提问，是否能够与教师和同学进行有效互动。学生的参与程度反映了教学是否能够引发学生的兴趣和激发他们的学习动力。

学生的匿名评价也是评估教学效果的重要参考依据。学生通过匿名评价可以自由地表达对教师教学的看法和建议意见，帮助教师了解自己的不足之处，及时改进教学方法。观察者可以结合学生的评价结果，对教师的教学效果进行综合评估。

(四) 课堂氛围评价

在评价课堂的整体氛围和环境时，观察者需要综合考虑多个方面，包括课堂秩序、学生互动氛围以及教师与学生之间的关系等。这些因素共同构成了一个课堂的氛围，对于学生的学习效果和教学质量具有重要影响。良好的课堂秩序是一个高效教学的基础，它能够为学生提供良好的学习环境。观察者可以评估课堂是否安静有序，学生是否能够专心听讲，是否存在干扰教学的因素。一个有序的课堂秩序有助于提高学习效率，促进知识的传授和消化。

观察者可以评估学生是否愿意积极参与课堂讨论和活动，是否能够与同学分享思考和经验，是否存在学生之间的合作与支持。一个积极的学生互动氛围能够促进知识的交流与分享，提高学习的效果。良好的师生关系是营造良好课堂氛围的重要保障，它能够促进教学的顺利进行，增强学生对教师的信任和尊重。观察者可以评估教师是否能够与学生建立良好的互动关系，是否能够关心和理解学生的需求，是否能够及时给予帮助和支持。一个良好的师生关系有助于建立和谐的学习氛围，提升学生的学习积极性和主动性。通过向学生发放调查问卷或进行讨论，观察者可以了解学生对课堂氛围的感受和评价。学生的反馈可以帮助观察者更加客观地评估课堂氛围的积极性和合适度，及时发现存在的问题和改进的空间，为提升课堂教学质量提供有益的参考。

(五) 学习效果评价

学生们通过口头报告、写作作品、项目展示等形式展示他们在学习过程中所取得的成果，这为教师提供了评估他们学术能力和学习效果的重要依据。学生不仅是知识的接收者，更是知识的创造者和传播者。他们通过展示自己的学习成果，展现了对所学知识的理解和应用能力，同时也为自己的学习过程作出了自我评价。在口头报告中，学生们需要将自己所学的知识以清晰的语言表达出来，同时还需要展现出对这些知识的深入理解和分析能力。通过口头报告，学生们不仅可以展示自己的口头表达能力，更可以体现出他们对所学知识的掌握程度和学术能力的提升。

在写作作品中，学生们有机会通过文字表达自己的思想和观点，展现出对所学知识的深入理解和思考能力。无论是论文、报告还是作文，都可以成为评价学习效果的有效工具。通过写作，学生们不仅可以巩固所学知识，更可以培养自己的逻辑思维能力和文字表达能力。在项目展示中，学生们可以通过实际操作和展示项目成果的方式，向他人展示自己的学习成果和学术能力。项目展示不仅可以促进学生们对所学知识的理解和应用，更可以培养他们的团队合作能力和实践能力。通过项目展示，学生们可以将所学知识与实际问题相结合，达到知行合一的目的。除了教师的评价外，学生们对自己的学习情况进行自我评价也是评价学习效果的重要环节。通过自我评价，学生们可以反思自己的学习过程，发现不足之处并加以改进，从而提高学习动力和学习效果。自我评价不仅可以帮助学生们更好地认识自己，更可以激发他们的学习潜能，实现自我提升和成长。

第二节 大学英语课堂评价的内容

一、大学英语课堂教学方法与策略的评价

（一）教学手段

在评价大学英语课堂中所采用的教学手段时，我们不得不首先考虑到教学的多样性和灵活性。教师们需要借助多种手段来吸引学生的注意力，并激发他们的学习兴趣。讲解作为最基本的教学手段之一，在课堂中依然扮演着不可或缺的角色。通过生动的语言和形象的示范，教师们能够将抽象的知识变得具体易懂，帮助学生建立起正确的学习框架。然而，讲解作为单一的教学手段往往难以满足学生的多样化学习需求。因此，讨论成为课堂中另一种重要的教学方式。[1] 在讨论环节中，学生可以发挥自己的思维力和创造力，与同学们共同探讨问题，形成对知识的更深层次理解。通过交流和碰撞，学生们能够从多个角度思考问题，培养批判性思维和团队合作能力。

而小组活动则进一步促进了学生之间的互动与合作。在小组活动中，学生们可以分工合作，提升解决问题的能力和团队协作意识。通过与同伴的讨论和交流，学生们

---

[1] 张月馨. 浅谈礼貌原则在高校英语课堂教学中的应用 [J]. 英语广场, 2022 (27): 89-92.

不仅能够加深对知识的理解，还能够培养自己的表达能力和沟通技巧。同时，小组活动也能够减轻教师的教学压力，使得教学更加高效和有趣。除了传统的教学手段外，多媒体展示在近年来也逐渐成为课堂教学中的重要组成部分。通过图片、音频、视频等多种形式的展示，教师们能够更加生动地呈现知识内容。尤其是对于英语这门语言类课程来说，多媒体展示不仅可以帮助学生更直观地理解语言和文化，还能够提高他们的听力和口语能力。

然而，教学手段的有效性和适用性并非一成不变的。在选择教学手段时，教师们需要考虑到学生的年龄、兴趣、学习能力等因素，并灵活调整教学策略。有时候，一种教学手段可能在某个班级或某个知识点上效果显著，但在另一个班级或另一个知识点上效果却不尽如人意。因此，教师们需要不断反思和改进自己的教学方法，以便更好地满足学生的学习需求。

（二）互动性

在评价大学英语课堂中的互动性时，我们不仅要考虑到师生之间的互动情况，还需要关注学生之间的互动和合作。这种互动不仅仅是简单的交流，更是一种知识的碰撞和思想的交流。首先，师生之间的对话是课堂互动的基础。通过与教师的互动，学生们可以及时解决困惑，澄清问题，加深对知识的理解。而教师则能够通过与学生的对话了解学生的学习情况和学习需求。除了师生之间的对话外，学生间的讨论和合作也是课堂互动的重要形式之一。学生们可以分享自己的观点和想法，吸收他人的经验和见解，促进思想的碰撞和交流。通过与同学们的讨论，学生们能够发现问题的本质，培养批判性思维和创造性思维。同时，合作学习也能够提升学生的团队合作能力和沟通能力，培养学生的社会交往能力和组织协调能力。

这种师生之间和学生之间的互动不仅仅是单向的信息传递，更是一种思想的碰撞和知识的共享。通过互动，学生们能够从被动接受知识转变为主动探索和构建知识，提高学习的积极性和主动性。同时，互动也能够丰富课堂氛围，增强学习的乐趣和愉悦感。在积极的互动氛围中，学生们能够更加轻松自如地表达自己的观点和想法，建立起良好的师生关系和同学关系，为良好的学习效果奠定了基础。然而，课堂互动的质量并不仅仅取决于互动的频率，更重要的是互动的质量。在互动中，教师需要及时给予学生肯定和鼓励，激发学生的学习动力；同时，也需要及时纠正学生的错误，引导学生找到正确的学习方向。而学生们也需要尊重他人，认真倾听他人的观点，积极参与到互动中去。只有通过高质量的互动，才能够真正达到促进学习的效果，实现知识的传授和学生的成长。

二、大学英语课程设置与内容的评价

（一）内容丰富度

在评价大学英语课堂中的内容丰富度时，我们需要关注课程设置的多样性和全面性。首先，课程内容应该覆盖语言技能、文化背景和实践应用等多个方面，以满足学生的全面学习需求。语言技能是学习英语的基础，包括听、说、读、写等方面。通过丰富多样的听力练习、口语表达、阅读理解和写作训练，学生能够全面提升英语的语言能力。除了语言技能外，课程内容还应该涵盖英语国家的文化背景。英语不仅仅是一门语言，更是一种文化的载体。了解英语国家的历史、风土人情、习俗传统等，有助于学生更深入地理解和运用英语。通过阅读英语文学作品、观看英语影视剧等，学生们能够感受到英语文化的魅力，增进对英语的热爱和兴趣。

课程内容还应该注重实践应用，使学生能够将所学知识运用到实际生活中去。通过模拟对话、角色扮演、情景演练等形式，学生们能够在真实的语境中练习和运用英语，提高语言的实际运用能力。同时，课程还可以设置一些实践项目和实习机会，让学生们在实践中不断积累经验。课程设置得丰富多样不仅仅是为了满足学生的学习需求，更是为了激发学生的学习兴趣和主动性。在丰富多样的课程设置下，学生们能够感受到学习的乐趣和意义，愿意投入学习中去。他们会更加积极主动地参与到课堂活动中去，提高学习效率和学习成绩。

然而，课程设置的丰富多样并不是一成不变的。随着社会的不断发展和学生的不断变化，课程设置也需要不断调整和改进。教师们应该根据学生的学习需求和兴趣特点，合理设计课程内容，注重培养学生的创新精神和实践能力。只有不断改进和完善课程设置，才能够更好地满足学生的学习需求，提升教学效果和学生的学习成绩。

(二) 难度与深度

在评价大学英语课堂中的难度与深度时，我们需要考虑到课程内容是否与学生的水平和学习目标相适应。课程的难度应该根据学生的实际水平进行合理设置。对于初学者，课程内容应该简单易懂，注重基础知识的传授和实践应用；对于中级学生，课程内容可以适度增加难度，加强语言技能的训练和文化背景的了解；而对于高级学生，则需要设置更深入、更复杂的课程内容，提高学生的语言水平和综合素质。课程内容应该涵盖丰富的知识点和广泛的话题，引导学生从表层思考向深层思考转变。通过分析文本，解读语言，探讨文化，学生们能够逐步提升自己的思维深度和批判性思维能力。同时，课程内容还应该注重培养学生的创新精神和批判思维，鼓励他们从不同角度思考问题，促进思维的碰撞和交流。

课程的难度与深度的合理设置不仅仅是为了满足学生的学习需求，更是为了促进学生的思维发展和语言能力提升。在适当的挑战下，学生们能够不断突破自己的认知边界，开拓思维的视野，提高解决问题的能力和逻辑思维能力。通过深度学习，学生们能够更全面地理解知识，更深入地掌握技能，为将来的学习和工作打下坚实的基础。然而，课程内容的难度与深度的设置也需要根据具体情况进行调整和改进。教师们应该根据学生的反馈和表现，及时调整课程内容，确保课程内容的难度与深度与学生的学习水平相匹配。同时，也需要考虑到学生的兴趣和需求，灵活设置课程内容，激发学生的学习兴趣和主动性。

三、大学英语课堂中学生参与反馈的评价

(一) 学生参与度

在评价大学英语课堂中的学生参与度时，我们不仅要考虑学生在课堂中的积极程度，还需要关注学生的主动性和参与方式。通过主动提问，学生能够及时解决自己的疑惑，促进问题的深入探讨。而对于教师来说，学生的提问也是了解学生学习情况和调整教学策略的重要途径，有助于提升教学效果和学生满意度。通过回答问题，学生能够巩固所学知识，提高自信心和表达能力。而参与讨论则能够促进思维的碰撞和交

流，拓展学生的思维空间。通过积极参与讨论，学生们能够更加深入地理解知识，增强学习的兴趣和乐趣，提高学习效果和学习成绩。

通过展示作品，学生能够将所学知识转化为实际成果，展示自己的才华和能力，提高自信心和自我价值感。同时，学生展示的作品也能够丰富课堂氛围，激发其他同学的学习兴趣，促进学生之间的互动和交流。而被动的学生参与则会造成课堂的冷场和沉闷氛围，影响教学效果和学习成绩。因此，教师们应该重视学生的参与度，积极鼓励学生参与课堂活动，提高学生的学习动力和学习效果。

然而，学生参与度的提高并非一蹴而就，需要教师和学生共同努力。教师们应该注重课堂氛围的营造，设置各种形式的参与活动；而学生们也应该积极主动地参与到课堂活动中去，提高自己的学习积极性和主动性。只有通过教师和学生的共同努力，才能够实现学生参与度的提高，提升教学效果和学生学习成绩。

（二）学生反馈

学生的反馈意见可以帮助教师了解学生的学习情况和需求，提高教学效果和学生满意度。通过收集学生对课程内容的理解程度，教师可以了解学生对知识的掌握情况，及时进行知识巩固和弥补。教学方法的满意度是评价教学质量的另一个重要指标。不同的教学方法适用于不同的学生，教师应该根据学生的反馈意见，调整教学方法。例如，一些学生可能更喜欢讨论和小组活动，而另一些学生可能更喜欢讲解和演示。通过收集学生对教学方法的满意度，教师可以根据学生的需求和喜好，选择合适的教学方法。

良好的课堂氛围能够促进学生的学习兴趣和主动性。通过收集学生对课堂氛围的舒适度的反馈意见，教师可以了解学生对课堂氛围的感受和评价，及时调整课堂氛围，营造良好的学习环境，提高学习效果和学生满意度。除了对课堂模式的反馈意见外，学生还可以提出对课程改进的建议。通过收集学生的建议，教师可以了解学生的需求和期望，及时调整课程内容和教学方法。例如，学生可以提出增加实践环节、设置更多的互动活动、增加课外阅读等建议，以丰富课程内容，提高学习效果和学生学习成绩。

五、大学英语课堂中教师表现与指导的评价

(一) 教学能力

评价教师在课堂中的教学能力是对教学质量的全面评估，其中包括语言表达能力、教学技巧、知识水平等方面的考量。清晰准确的语言表达能力使教师能够将复杂的概念和信息用简洁明了的方式传达给学生，使学生易于理解和接受。一个语言表达能力强的教师能够在课堂上以流畅自如的语言讲解知识，引导学生深入思考，并能够有效回答学生提出的问题，从而提升课堂教学效果。教师需要具备多样化的教学技巧，如板书、讲解、示范、讨论、小组活动等，以及灵活运用这些技巧，根据不同的教学内容和学生特点进行有针对性的教学安排。优秀的教师能够通过巧妙的教学技巧激发学生的学习兴趣，引导学生主动参与，使课堂氛围活跃，达到事半功倍的教学效果。

深厚的学科知识为教师在课堂上的言传身教提供了坚实基础，使其能够深入浅出地讲解知识点，启发学生思考，解决学生提出的问题。此外，教师还应不断提升自己的学科知识水平，跟上时代发展的步伐，保持对新知识的敏感性，引导学生在知识的海洋中探索前进。除了以上方面，教师在课堂中对学生学习的引导和激发也是评价教学能力的重要指标。教师不仅要传授知识，还要引导学生建立正确的学习态度和方法，培养学生的自主学习能力和批判思维能力。优秀的教师能够通过课堂教学激发学生的求知欲和探索欲，引导他们主动思考问题，积极参与学习，实现个性化的学习目标，从而提高学生的学习效果和学习成绩。

(二) 个性特点

不同的教师有着不同的教学风格，有的可能偏向于温和耐心，注重启发式教学；有的可能更倾向于严谨认真，强调传授式教学。教师的风格会直接影响到学生对课堂的认同感和投入度，不同的风格也能够满足不同类型的学生，激发其学习兴趣和潜能。一位充满热情和正能量的教师能够激发学生的学习兴趣、增强学生的学习动力。教师的积极态度和鼓励能够帮助学生克服困难，勇敢面对挑战，培养学生的自信心和抗挫折能力。同时，教师的情感表达也能够影响到学生对知识的态度和情感，使学生对学

习产生浓厚的兴趣和热情,从而提高学习效果和学习成绩。

一位亲和力强、幽默风趣的教师能够营造轻松愉悦的学习氛围,增加学生的参与度和投入度。而一位严谨认真、负责任的教师则能够提高课堂的严肃性和学习效率,培养学生的学习态度和专注力。不同个性特点的教师都有着自己的独特魅力和影响力,能够在学生心中留下深刻的印记,激发学生对知识的追求和探索。然而,教师的个性特点并不是一成不变的,而是可以通过自我调整和改进不断提升的。教师们可以通过学习和反思,不断提高自己的教学水平和个性魅力,使自己的教学更具有吸引力和感染力。同时,教师也应该尊重学生的个性特点,关注学生的需求和感受,灵活运用自己的个性特点,最大程度地激发学生的学习潜能和创造力,实现个性化教学。

六、大学英语课堂氛围与管理的评价

(一)秩序与纪律

评价课堂中的秩序与纪律是对教学环境和教学效果的重要评估。学生的听课态度直接影响着课堂的秩序和纪律。一个良好的听课态度表现为学生认真专注、尊重教师和同学、遵守课堂规则。这种态度有助于维持课堂的良好秩序,促进教学活动的顺利进行。相反,如果学生的听课态度较差,比如注意力不集中、随意打扰他人、违反纪律规定等,将会干扰教学进程,影响整个课堂的教学效果。在一个有序和纪律良好的课堂环境中,学生能够更容易地保持注意力集中,专心听讲,积极参与课堂活动。而在秩序混乱或纪律不严的课堂中,学生的注意力往往会分散,无法有效地学习和吸收知识,从而影响了教学效果和学习成绩。

在一个有良好秩序和规范的课堂中,学生应当遵守教师制定的规则和纪律,如遵守上课时间、保持课堂安静、尊重他人等。这些规则的遵守不仅有助于维持良好的课堂秩序,还培养了学生的自律性和责任感。然而,如果学生违反规则,如迟到早退、随意交谈、使用手机等,将会干扰到整个课堂的教学秩序,影响教学效果和学习氛围。

(二)氛围与气氛

评价课堂的氛围和气氛是了解教学环境和学习氛围的重要指标。在这样的氛围中，学生们感受到放松和愉悦，他们更愿意参与课堂活动，提出问题，表达观点。这种氛围能够激发学生的学习兴趣，促进他们的思维活动，有利于课堂教学的顺利开展和学习效果的提高。在这样的气氛下，学生们积极思考，踊跃发言，互相交流，课堂充满了讨论和互动。这种气氛能够激发学生的学习潜能，促进他们的思维发展和能力提升，有利于课堂教学的深入开展和学习效果的提高。

严肃认真的气氛有助于提高学生的学习专注度和严谨态度。在这样的气氛中，学生们严肃认真，专心听讲，认真思考，课堂秩序井然。这种气氛能够培养学生的学习态度和品质，促进他们的学习效果和学习成绩的提高，有利于教学目标的达成和师生关系的良好发展。轻松愉悦的氛围有助于提高学生的学习兴趣和参与度，促进学生的思维发展和能力提升，有利于师生之间的和谐互动和良好关系的建立。活跃热烈的气氛能够激发学生的学习热情和积极性，有利于师生之间的密切联系和良好互动。而严肃认真的气氛能够提高学生的学习专注度和严谨态度，促进学生的学习效果和学习成绩的提高，有利于师生之间的严肃尊重和专业关系的建立。

第三节 大学英语课堂模式改进的路径与策略

一、大学英语课堂模式改进的路径

（一）整合现有资源

整合现有资源是提高教学质量的必由之路。教育者可以充分利用各种教学资源，包括教材、多媒体设备以及网络资源等，以此为基础进行课堂改进。这种整合不仅可以提升教学效率，还能够增加学生的学习动力和兴趣。通过巧妙地运用这些资源，教育者可以打造出更加富有趣味性和吸引力的教学环境，从而更好地激发学生的学习热情和潜力。教育者可以选择适合学生学习水平和需求的教材，结合教学内容和教学目标，设计出富有启发性和趣味性的教学活动。此外，教材的多样化也能够满足不同学生的学习需求，提高教学的针对性和灵活性。

教育者可以利用投影仪、电脑等设备展示图像、视频等多媒体资料，生动直观地呈现教学内容。通过多媒体设备，教育者还可以进行互动式教学，让学生更加活跃地参与到课堂中来，提高教学的互动性和趣味性。教育者可以通过互联网获取各种教学资源，包括教学视频、教学课件、在线课程等，丰富课堂内容，提供更多学习的机会和选择。同时，教育者还可以利用网络资源进行课堂扩展，引导学生进行自主学习和探究，培养其信息获取和处理能力，提高其综合素质和学习能力。

（二）引入创新技术

当谈及提升课堂的互动性和趣味性时，引入创新技术无疑是一个不可或缺的方向。从在线学习平台到虚拟现实技术，再到人工智能辅助教学，这些新技术为教育领域带来了前所未有的可能性。积极探索并应用这些技术，不仅可以使教学更加生动有趣，还能够提高学生的参与度和学习效果。通过在线学习平台，教育者可以轻松地创建课程内容、发布学习资源、组织在线讨论和作业等。学生可以通过平台随时随地获取学习材料，并与教师和同学进行交流和互动。这种灵活的学习模式不仅提高了学生的学习效率，还能够激发其学习兴趣和积极性。

通过虚拟现实技术，教育者可以创造出各种虚拟场景和情境，让学生在其中进行学习和实践。例如，在生物课上，学生可以通过虚拟现实技术"亲临"动物的自然栖息地，了解其生活习性和行为特点；在历史课上，学生可以通过虚拟现实技术"重温"历史事件和人物的场景，深入了解历史文化。这种身临其境的学习体验不仅能够提高学生的学习兴趣，还能够加深他们对知识的理解和记忆。通过人工智能技术，教育者可以根据学生的学习情况和需求，个性化地设计和调整教学内容和方法。例如，人工智能可以根据学生的学习进度和能力水平，智能推荐适合的学习资源和活动；还可以通过智能辅导系统，针对学生的错误和困惑提供及时的反馈和指导。这种个性化的教学模式能够更好地满足学生的学习需求，提高其学习的效果和满意度。

（三）注重学生参与

在塑造学生积极参与的课堂氛围方面，构建以学生为中心的教学模式至关重要。通过鼓励学生参与讨论、展示、演讲等活动，可以有效地激发学生的学习动机和自主学习能力，使他们成为课堂的主体，而不仅仅是被动接受知识的对象。学生积极参与的课堂模式，需要教师从课堂设计方法、教学方法、评价方式等多个方面着手。教师应该设计丰富多样、具有启发性的教学活动，为学生提供参与的机会。例如，设置小组讨论、案例分析、角色扮演等活动，让学生在活动中自由表达思想、交流观点，从而培养他们的批判性思维和解决问题的能力。[①]

教师应该采用灵活多样的教学方法。例如，运用问题导向的教学法，提出挑战性问题，引导学生进行探究和思考；采用合作学习的方式，让学生相互合作、交流，培养其团队合作和沟通能力。通过这些教学方法，可以激发学生的学习热情，增强其参与课堂活动的积极性。教师还应该重视对学生参与的及时反馈和评价，激励他们的学习动机。通过及时表扬和鼓励，可以增强学生的自信心和学习兴趣；通过认真评价和指导，可以帮助学生发现问题、改进方法，提高其学习效果和能力。同时，教师还可以通过设立奖励机制、组织学生展示等方式，鼓励学生积极参与课堂活动，激发其学习的积极性和主动性。

（四）注重实践应用

在当今社会，英语已经成为一种全球性的语言，对于每个人来说，掌握好英语不仅是一种学习，更是一种能力的体现。然而，仅仅停留在课堂上的知识学习远远不够，更需要注重实践应用。因此，加强英语教学与实际应用的联系显得尤为重要。通过项目式学习、实习实践等方式，可以更好地提升学生的语言实际运用能力。在传统的英语教学中，往往偏重语法、词汇等知识点的灌输，而缺乏实际运用的场景。这种单一的教学模式容易导致学生对于英语学习的兴趣和动力不足。因此，引入项目式学习成为一种有效的教学手段。通过项目式学习，学生可以在真实的语境中应用所学的英语知识，例如通过模拟商务谈判、英语演讲比赛等形式，让学生在实践中体会到英语的应用价值，从而更加主动地去学习和运用英语。

通过实习，学生可以接触到真实的英语环境，与外国人交流，从而提升自己的听、说、读、写等各方面的能力。比如，学生可以到外企实习，参与到英文文件的撰写和交流中，这样不仅可以提升英语表达能力，还可以锻炼学生的团队协作能力和跨文化

---

① 邹为诚，陈德江. 英语读写结合教学的理念与实践原则 [J]. 基础外语教育，2022，24（03）：20-27+109-110.

沟通能力。同时，学校与企业之间的合作也是推动英语教学与实际应用相结合的重要保障。学校可以与企业合作开展双向选择实习项目，通过企业的资源和平台，为学生提供更多的实践机会。而企业也可以借助学校的人才储备，培养符合自身需求的英语人才。这种合作模式不仅有利于学生的实际能力提升，也为企业输送了更加符合市场需求的人才。

二、大学英语课堂模式改进的策略

（一）灵活运用教学方法

在如今教育的大潮中，灵活运用教学方法显得尤为重要。针对学生的特点和学科内容，合适的教学方法可以有效地激发学生的学习兴趣和潜能，促进他们的全面发展。讨论式教学、案例分析、小组合作学习等方法都具有各自的优势，值得教师们深入探究和灵活运用。通过组织讨论，可以激发学生的思维活跃性，培养他们的批判性思维和团队合作能力。教师可以设计一些具有争议性或启发性的问题，引导学生进行深入思考和交流。学生可以从不同的角度去思考问题，并通过交流碰撞出思想的火花，从而提升对知识的理解和应用能力。

通过分析真实的案例，学生可以将抽象的理论知识与实际问题相结合，深入理解知识的内涵和应用场景。在案例分析中，学生需要运用自己所学的知识和技能，解决具体的问题，这有助于培养学生的问题解决能力和创新思维。同时，案例分析也可以引发学生的兴趣，激发他们对于学科的热情，拓展学习的深度和广度。通过小组合作学习，可以促进学生之间的交流与合作，培养他们的团队合作精神和沟通能力。在小组合作学习中，学生可以相互协助、共同探讨问题，通过合作解决难题，从而提高学习效率和成果质量。此外，小组合作学习还可以培养学生的领导能力和组织能力，为他们未来的发展打下良好的基础。

（二）个性化辅导服务

个性化辅导服务是教育教学中的重要环节，为学生提供了更加个性化、针对性的学习支持。在这个信息化时代，学生的学习需求各异，因此，个性化辅导服务不仅可以帮助学生解决学习中的问题，还可以提升他们的学习效果。课后答疑、作业批改、学习指导等服务形式的结合，为学生提供了更加全面的学习支持，有助于他们更好地理解和掌握所学知识。在课堂上，学生可能无法及时消化和理解所学知识，而课后答疑则为他们提供了一个解惑的机会。学生可以根据自己的学习进度和理解程度，选择适合自己的时间进行课后答疑。在答疑过程中，老师可以根据学生的问题进行针对性解答，帮助他们更好地理解和应用所学知识。

通过对学生的作业进行及时、详细批改，可以帮助他们发现和纠正学习中的问题，促进他们的学习进步。在批改作业的过程中，老师不仅可以发现学生的错误和不足之处，还可以有针对性地给予建议和指导，帮助学生提升学习水平。同时，作业批改也可以增强学生的学习动力和自觉性，促使他们更加认真地对待学习任务。通过为学生提供学习计划制定、学习方法指导、学习技巧培训等服务，可以帮助他们建立科学的学习计划和方法。学习指导旨在帮助学生掌握自主学习的方法和技巧，培养他们的学习能力和素养，从而实现个性化学习的最大化。

（三）建立评估机制

建立科学有效的评估机制是教育教学中的重要环节，可以及时了解学生的学习情况，为他们提供有针对性学习指导和帮助。课堂表现评价、作业考核、期末考试等形式的结合，构建了一个全面、多层次的评估体系，有助于促进学生的学习和提高学习成绩。在课堂上，学生的表现不仅体现了他们的学习态度和学习能力，还反映了教学效果和教学质量。因此，通过对学生的课堂表现进行评价，可以及时发现问题，为他们提供及时的指导和帮助。教师可以根据学生的听课情况、思维活跃度、参与讨论的程度等方面进行评价，从而全面了解学生的学习情况，为他们提供个性化的学习指导。

通过对学生的作业进行考核，可以评价他们对所学知识的掌握程度和运用能力。在作业考核中，教师可以根据学生的作业质量、完成情况、错误率等方面进行评价，及时发现学生的问题和不足之处，为他们提供有针对性帮助和指导。同时，作业考核还可以增强学生的学习动力和自觉性。通过期末考试，可以全面、客观地评价学生对所学知识的掌握程度和运用能力。期末考试通常包括笔试和口试两个环节，考查学生的听、说、读、写等方面的能力。通过期末考试的成绩，可以及时反馈学生的学习情况，为他们提供进一步的学习指导和提高。

（四）持续优化课程设计

持续优化课程设计是教育教学中的重要任务，通过不断地调整课程设置和教学内容，结合学科发展和学生需求，可以提高课堂教学的前沿性和实用性，从而更好地促进学生的学习和发展。在教育教学领域，课程设计是一个动态的过程。随着社会的发展和学科知识的更新，教学内容和教学方法也需要不断地进行调整和优化。因此，持续优化课程设计显得尤为重要。教师可以根据学科的最新研究成果和学生的学习需求，及时更新教材和教学资源，确保教学内容的前沿性和实用性。

除了更新教学内容和教学资源，优化课程设计还需要注重课程设置和教学目标的设计。在课程设置方面，教师可以根据学科的特点和学生的需求，设计具有针对性和前瞻性的课程内容和教学活动，使之能够更好地满足学生的学习需求。在教学目标的设计方面，教师可以根据学生的学习水平和学科特点，确定清晰明确的教学目标，并采取相应的教学方法和评估手段，促进学生的学习和发展。此外，持续优化课程设计还需要注重教学过程的改进和完善。教师可以通过反思教学实践，总结经验和教训，不断地改进教学方法和教学策略，提高教学效果和教学质量。同时，教师还可以借鉴其他教育机构和教学团队的经验和做法，加强教学团队之间的合作和交流，共同探讨教学的前沿性和实践性，促进教学水平的提高和教学质量的提升。

第六章 大学英语课堂模式与课程教学改革

第一节 大学英语课堂模式与课程目标的对接

一、任务型教学与语言技能培养目标的对接

在大学英语教学中,任务型教学作为一种有效的教学方法,与语言技能的培养密切相关。

(一) 听力技能的培养

任务型教学法通过设计各种听力任务,如听取信息、听懂对话等,旨在让学生在真实情境中接触和理解英语,从而提高他们的听力水平。在执行任务的过程中,学生不仅需要倾听语音和语调,还需要理解内容,并从中获取所需信息。这种综合性的听力训练有助于他们提高对英语听力材料的理解能力和反应速度。任务型听力教学的核心在于设计具体、贴近实际的任务。通过这些任务,学生不仅可以提高他们的听力技能,还能够培养他们的交际能力和解决问题的能力。比如,通过听取信息的任务,学生需要从听到的对话或文章中获取特定的信息,这要求他们在倾听的同时保持高度的注意力。而在听懂对话的任务中,学生则需要理解对话中的语言和内容,包括词汇、语法结构以及语境等方面的信息,从而完整地理解对话的意思。

在执行听力任务的过程中,学生需要运用各种听力策略,比如他们可以通过预测内容、留意关键词、注意上下文等方式来帮助自己更好地理解听力材料。同时,他们也需要不断地练习,积累听力经验,逐渐提高他们的听力水平。教师不仅需要设计合适的听力任务,还需要给予学生及时反馈和指导,帮助他们发现问题、改正错误,从

而更好地提高听力技能。

（二）口语表达能力的提升

任务型教学法通过设计各种口语任务，如角色扮演、情景对话等，旨在鼓励学生积极参与真实的语言交流。这种实践性的学习方式不仅让学生学会运用语言，还能够在语言交际中表达自己的观点和情感，从而提高口语表达的流利度和准确性。口语任务的设计应该贴近学生的生活和实际情境，以激发他们的学习兴趣和参与度。例如，通过角色扮演的任务，学生可以扮演不同的角色，模拟真实情境中的对话，这样他们不仅可以练习口语表达，还可以提高自己的表达能力和沟通技巧。另外，情景对话也是一种常见的口语任务设计，通过模拟各种生活情境，如购物、旅行、工作等，学生可以在语言交际中学会如何运用正确的语言表达自己的需求和意见，从而提高口语表达的能力。

在执行口语任务的过程中，学生需要不断地练习和积累经验。他们可以通过模仿、自由表达等方式来提高自己的口语水平。同时，他们也需要注意语音、语调、语速等方面的细节，以确保自己的口语表达清晰、流利、准确。

（三）阅读和写作能力的提高

任务型教学法通过设计与实际情境相关的阅读和写作任务，如阅读真实情境下的文章、写作日记、总结报告等，旨在帮助学生在阅读和写作过程中理解和运用英语。这种实践性的学习使学生能够在真实的语言环境中积累语言经验，从而提高阅读理解能力和书面表达能力。阅读任务的设计应该贴近学生的生活和学习，以激发他们的阅读兴趣和理解能力。例如，通过阅读真实情境下的文章，学生可以了解到不同文化背景下的语言使用情况，同时也可以学习到一些实用的语言表达方式。此外，写作任务也是提高阅读和写作能力的有效途径之一。通过写作日记、总结报告等任务，学生可以锻炼自己的写作技巧，提高自己的书面表达能力。

在执行阅读和写作任务的过程中，学生需要不断地积累词汇和语法知识，以便更好地理解和运用英语。同时，他们也需要注意阅读和写作的技巧，如提取关键信息、理清逻辑关系等，以确保自己的阅读理解和书面表达能力达到一定的水平。

二、个性化学习与学生需求目标的对接

个性化学习与学生需求目标的对接是为了更好地满足学生个体差异,提高他们的学习动机和效果。

(一)灵活教学方式

灵活教学方式是现代教育中的一个重要趋势,旨在适应不同学生的学习风格和需求。不同的学生有着不同的学习习惯、兴趣爱好和认知方式,单一的教学模式难以满足所有学生的学习需求。因此,采用灵活多样的教学方式,可以为学生提供更多的选择,让他们能够按照自己的节奏和方式进行学习,从而提高学习的积极性和效果。讲授法作为传统的教学方法之一,仍然在许多课堂中占据重要地位。然而,现代教学更强调互动性和参与性。例如,在讲解一个复杂的概念时,教师可以通过设问引导学生思考,鼓励他们提出自己的见解和疑问,从而促进他们对知识的深层理解。

讨论法也是一种灵活的教学方式,能够促进学生之间的交流和合作。在讨论中,学生可以互相启发和借鉴,形成更为全面和深刻认识。教师可以根据教学内容和学生的兴趣,设计一些具有挑战性的问题或案例,引导学生进行小组讨论,培养他们的批判性思维和解决问题的能力。[1] 例如,在社会科学课程中,教师可以安排学生讨论当前的社会热点问题,通过辩论和交流,激发他们的思考和探究欲望。案例分析法是一种将理论与实践相结合的教学方法,通过具体的实例来解释和应用所学知识。案例分析不仅能够帮助学生理解理论知识的实际应用,还可以培养他们的分析和解决问题的能力。教师可以选择一些典型的案例,让学生分组进行分析和讨论,并提出解决方案。在案例分析的过程中,学生不仅能够加深对知识的理解,还能够锻炼他们的团队合作和沟通能力。

实践操作是另一种重要的灵活教学方式,特别适用于技能性和应用性较强的课程。在实践操作中,学生通过亲身体验和操作,将理论知识转化为实际技能。这种方式不仅能够提高学生的动手能力,还能够增强他们的学习兴趣和动机。例如,在实验课程中,教师可以设计一些具体的实验项目,让学生亲自动手操作,通过对实验现象和数据的分析,验证和理解理论知识。此外,现代信息技术的发展为灵活教学方式的

---

[1] 邓韵. 大学英语教师教学效能感影响因素及应对策略 [J]. 湖北第二师范学院学报, 2024, 41 (01): 76-79.

实施提供了更多的可能性。在线学习平台、虚拟现实技术、翻转课堂等新型教学模式，可以为学生提供更加丰富和多样的学习资源和学习方式。例如，教师可以通过在线学习平台发布课程资源和作业，学生可以根据自己的时间和节奏进行学习和完成作业；虚拟现实技术可以为学生提供沉浸式的学习体验，让他们在虚拟环境中进行实践操作和探索；翻转课堂则可以让学生在课前通过视频学习基础知识，在课堂上进行讨论和实践活动，从而提高学习的效果。

（二）个性化学习路径设计

个性化学习路径设计是现代教育中的一个重要理念，旨在根据学生的学习兴趣、学习目标和学习能力，制定适合他们的学习计划和任务。不同的学生有着不同的背景、兴趣和潜力，单一的课程目标和学习路径难以满足所有学生的需求。因此，课程目标应当支持个性化学习路径的设计，使每个学生都能够按照自己的方式和节奏进行学习，从而充分发挥他们的潜能。教师可以通过与学生的沟通交流、问卷调查和学习记录等方式，了解他们的兴趣爱好、学习目标和学习习惯。根据这些信息，教师可以设置适合他们的学习任务和目标。

教师应当为学生提供丰富的学习资源，包括教材、参考书、在线课程、实验设备等，让学生能够根据自己的需要和兴趣选择和使用这些资源。通过提供多样化的学习资源，学生可以有更多的选择权和自主性，从而更好地激发他们的学习兴趣和动机。通过小组合作，学生可以互相学习和借鉴，共同完成任务和项目。在小组合作中，教师可以根据学生的兴趣和能力，合理分配任务和角色，让每个学生都能够在小组中发挥自己的特长和优势。

自主选题的个人项目可以让学生根据自己的兴趣和需求，自行设计和完成一个项目。学生需要进行自主学习和探索，收集和分析资料，解决遇到的问题，并最终完成项目报告或作品。教师可以在项目的设计和实施过程中给予指导和支持，但不干预学生的自主性和创造性。教师应当在个性化学习路径设计中扮演指导者和支持者的角色，为学生提供必要的帮助和指导。例如，在学生制订学习计划时，教师可以帮助他们明确学习目标和任务，并提供合理的建议和意见；在学生遇到困难时，教师可以给予及时的帮助和支持，帮助他们解决问题和克服困难。通过教师的指导和支持，学生可以更加顺利和有效地完成学习任务。

(三) 学生参与度的提高

提高学生的参与度是现代教育的重要目标，旨在让学生在课堂上成为学习的主体。学生的积极参与不仅可以激发他们的学习兴趣和动机，还可以帮助教师更好地了解学生的需求和进展，从而及时调整教学内容和方法。通过提高学生的参与度，可以使课堂教学更加贴近学生的实际需求，提高学习的有效性和效率。课堂讨论可以为学生提供一个自由表达和交流的平台，使他们能够分享自己的观点和经验。在课堂讨论中，教师应当鼓励学生提出问题，积极发言，并对他们的观点给予肯定和支持。通过讨论，学生不仅可以加深对知识的理解，还可以培养他们的批判性思维和沟通能力。

互动教学不仅可以增强课堂的趣味性和参与感，还可以帮助教师及时了解学生的学习需求和进展。在互动教学中，教师可以通过提问、启发式教学、角色扮演等方式，与学生进行互动。教师应当注重学生的反馈，根据学生的反应和需求，使教学更加贴近学生的实际需求。实践活动不仅可以帮助学生将理论知识应用于实际，还可以增强他们的动手能力和创新能力。在实践活动中，学生可以通过亲身体验和操作，加深对知识的理解和掌握。

不同的学生有着不同的学习兴趣、学习目标和学习能力，教师应当根据学生的个性化需求制订学习计划和任务。良好的师生关系可以增强学生的学习动机和信任感，使他们更加愿意积极参与课堂活动。在师生互动中，教师应当尊重学生的意见和建议，关心他们的学习和生活，给予他们充分的支持和帮助。例如，在课堂上，教师可以通过倾听学生的意见和反馈，了解他们的需求和困惑。在课外，教师可以通过与学生的交流和沟通，了解他们的兴趣和爱好，给予他们学习和生活上的指导和帮助。

传统的讲授式教学难以满足现代学生的需求，教师应当不断探索和尝试新的教学方法，如翻转课堂、项目教学、合作学习等。例如，在翻转课堂中，学生可以通过课前自学和在线学习，掌握基础知识，从而提高学习的效果和参与度。在项目教学中，学生可以通过完成一个完整的项目，进行自主学习和探究，培养他们的综合能力和创新能力。

三、技术支持与自主学习目标的对接

课程目标可能包括培养学生的自主学习能力和利用技术获取信息的能力。课堂模式应整合适当的技术支持,如在线资源、学习管理系统等,激发学生的自主学习兴趣和能力。

(一) 提供多样化学习资源

多样化的学习资源可以为学生提供丰富的知识和信息渠道,帮助他们更好地理解和掌握所学内容。课堂模式应当整合各种在线资源,如电子书籍、网络课程、学术期刊等,为学生创造一个丰富多样的学习环境。通过这些资源,学生可以根据自己的学习需求和兴趣,选择适合自己的学习内容,从而激发他们的学习兴趣和自主学习能力。电子书籍不仅便于携带和阅读,还能够提供丰富的学习内容和辅助资料。教师可以通过学习管理系统或在线平台,向学生推荐和分享电子书籍,让他们在课外时间也能够方便地进行学习。例如,在文学课程中,教师可以提供各种经典文学作品的电子版,让学生随时随地进行阅读和欣赏;教师可以提供相关领域的专业书籍和资料,帮助学生深入理解科学原理和知识。

网络课程具有灵活性和互动性,可以为学生提供更加个性化和自主化的学习体验。教师可以通过在线教育平台,推荐和分享各种网络课程,让学生根据自己的兴趣和需求选择和学习。例如,在外语课程中,教师可以提供一些语言学习的网络课程和资源,帮助学生提高语言能力和沟通技巧。通过网络课程,学生可以自由安排学习时间和进度,进行个性化学习。学术期刊包含最新的研究成果和学术观点,可以为学生提供前沿的知识和信息。教师可以通过学校图书馆的电子资源或在线学术数据库,向学生推荐和分享相关领域的学术期刊和文章,让他们了解最新的研究动态和学术进展。

通过学习管理系统,教师可以集中管理和分享各种学习资源,并进行教学计划和任务的安排。例如,教师可以在学习管理系统中发布课程资料、作业和测验,学生可以随时访问和下载相关资源,并提交作业和参与讨论。通过在线平台,教师还可以组织和开展各种在线学习活动,如讨论组、在线测验、虚拟实验等,增强学生的参与感和互动性。多样化的学习资源不仅可以丰富学生的学习内容,还可以培养他们的自主学习能力。在多样化的学习环境中，学生可以根据自己的兴趣和需求，自主选择和安排学习内容和进度。例如，对于喜欢阅读和写作的学生，可以通过电子书籍和在线写作平台，进行自主阅读和创作。学生不仅可以提高学习效果，还可以培养他们的自主性和创造性。通过参与在线讨论和交流，学生可以与不同背景和观点的同学互动，培养他们的沟通能力和团队合作精神。通过多样化的学习资源，学生可以在学习过程中不断拓宽视野和提高综合素质。

（二）培养信息获取能力

随着信息技术的迅猛发展，学生掌握利用技术获取信息的能力显得尤为重要。课程目标应当明确这一点，并在课堂教学中通过具体的方法和途径，帮助学生掌握这一重要技能。教师可以通过指导学生使用搜索引擎、数据库检索、网络资料收集等方式，培养他们有效获取和筛选信息的能力。同时，教师还需要引导学生学习如何评估信息的可靠性和适用性，从而提高他们的信息素养水平。搜索引擎是现代人获取信息的主要工具之一，掌握搜索引擎的使用技巧对于学生来说至关重要。教师可以通过具体的实例，向学生演示如何使用搜索引擎进行有效的信息检索。例如，教师可以让学生进行一些信息检索任务，如查找某一历史事件的详细资料或某一科学原理的解释，指导他们输入关键词、使用高级搜索功能和筛选搜索结果等。学生可以掌握搜索引擎的基本使用方法，提高信息检索的效率和准确性。

学生需要接触和使用大量的学术资料和研究成果，而数据库是获取这些信息的主要来源。教师应当在课堂上指导学生如何使用各类学术数据库，如图书馆的电子资源库、专业期刊数据库等。学生可以熟练掌握从数据库检索的方法，获取最新的学术资料和研究成果。网络上有大量的信息资源，但其中既有可靠的资料，也有不可靠的信息。教师应当指导学生如何在网络上有效收集和筛选信息。例如，教师可以让学生进行一些网络资料收集任务，如查找某一事件的新闻报道或某一问题的多方观点，指导他们使用不同的网站和平台，比较和分析不同来源的信息。

现代社会信息繁多，学生需要具备评估信息可靠性和适用性的能力，以确保他们获取的信息是可信和有用的。教师应当引导学生学习如何评估信息的来源、作者的背景、信息的发布时间等因素。信息素养不仅包括获取信息的能力，还包括对信息的理解、应用和分享的能力。教师应当在教学过程中，全面培养学生的信息素养。

教师应当充分利用现代信息技术，帮助学生更好地获取和利用信息。例如，通过在线教育平台，教师可以向学生推荐和分享各种学习资源和工具，如电子书籍、在线课程、学术数据库等，让学生在课外时间也能够方便地进行信息获取和学习；通过虚拟实验室和在线实验平台，教师可以让学生进行自主实验和研究，获取第一手的实验数据和资料。通过这些现代信息技术，学生可以更加方便和高效地获取和利用信息，提高他们的信息获取能力和素养。

（三）促进学生自主学习

促进学生的自主学习是现代教育的重要目标，通过整合适当的技术支持，课堂模式可以设计为激发学生的自主学习兴趣和能力。教师在教学中应充分利用现代信息技术，设计个性化学习任务、项目式学习或基于问题的学习活动，鼓励学生利用技术工具进行自主学习和探究。此外，建立在线学习社区或讨论平台，可以让学生自主分享学习资源和交流学习心得，促进学生之间的合作与交流。每个学生都有不同的兴趣和学习需求，通过个性化的学习任务，教师可以让学生根据自己的兴趣和需求选择学习内容和方法。通过个性化学习任务，学生可以在自主选择和自主安排中，激发学习兴趣和动力，提高自主学习的能力。

教师可以根据课程内容和学生的兴趣，设计各种项目任务，让学生通过自主研究、合作探讨和实践操作，完成项目。在基于问题的学习活动中，学生通过解决实际问题进行学习和探究。教师可以设计一些具有挑战性和实际意义的问题，鼓励学生通过自主研究和探讨，提出解决方案。通过基于问题的学习活动，学生可以在解决实际问题中，培养自主学习和创新能力。

此外，利用现代信息技术，教师可以建立在线学习社区或讨论平台，为学生提供一个自主学习和交流的平台。在在线学习社区或讨论平台中，学生可以自主分享学习资源、交流学习心得和进行合作探讨。例如，教师可以通过在线平台发布学习资源和任务，学生可以通过平台查找和下载学习资源，提交作业和参与讨论；学生可以在平台上分享自己收集的资料和学习心得，与同学进行交流和讨论，互相学习和借鉴。通过在线学习社区或讨论平台，学生可以在自主学习中，增强交流和合作，促进学习效果的提高。同时，技术工具的使用也是促进学生自主学习的重要手段。教师可以通过各种技术工具，如在线课程、虚拟实验室、教育应用等，提供丰富的学习资源和学习机会。例如，通过在线课程，学生可以根据自己的时间和进度，自主学习课程内容；通过虚拟实验室，学生可以进行自主实验和探究；通过教育应用，学生可以进行自主练习和测试。通过技术工具的使用，学生可以更加方便和高效地进行自主学习，全面提高自主学习能力和水平。

四、评估方式与课程目标的对接

评估方式应与课程目标一致，反映学生在语言技能、跨文化交际等方面的发展情况。课堂模式应注重培养学生的综合能力，使其能够在评估中展现出课程目标所要求的各项能力。

（一）多元评估方法

多元评估方法是现代教育中评估学生学习成果的重要策略，为了更全面地反映课程目标的达成情况，评估方式应该多样化，包括但不限于笔试、口语考试、书面作业、项目报告、小组讨论和课堂表现等。通过多种评估方法的结合运用，可以更准确地评价学生在语言技能、跨文化交际等方面的发展情况，避免对学生的评估过度依赖某一种单一的考核方式，确保评估的全面性和公平性。笔试可以全面检测学生对知识点的掌握程度，尤其适用于语言词汇、语法和阅读理解等方面的评估。然而，笔试的局限性在于它主要考查的是学生的书面表达能力，无法全面反映学生的口语能力和实际应用能力。因此，仅依靠笔试进行评估是不够的，需要结合其他评估方法，才能更全面地了解学生的学习情况。

通过口语考试，教师可以直接了解学生的口语表达能力、发音准确性和语言流利度。口语考试可以采用面试、对话、演讲等多种形式，让学生在真实的语言环境中展示自己的口语能力。例如，教师可以通过一对一面试或者小组讨论的形式，评估学生的口语表达能力和跨文化交际能力。可以补充笔试的不足，更全面地评估学生的语言技能。书面作业可以考查学生的写作能力、逻辑思维和知识应用能力。教师可以通过设计多样化的书面作业，如作文、报告、研究论文等，让学生在完成作业的过程中展示自己的写作能力和知识运用能力。例如，在语言课程中，教师可以让学生撰写有关文化差异的论文，通过评估学生的写作能力和文化理解能力，了解他们在跨文化交际方面的发展情况。

项目报告是一种综合性的评估方式，可以全面考查学生的知识应用能力、实践能力和团队合作能力。在项目报告中，学生需要进行自主研究和实践，通过撰写报告和展示成果，展示他们的学习成果和能力。教师可以通过项目报告，评估学生在实际应用中的表现，了解他们的综合素质和能力。小组讨论是一种互动性强的评估方式，可以考查学生的沟通能力、团队合作能力和批判性思维。学生需要进行观点交流和讨论，通过与同学的互动展示他们的语言表达能力和思维能力。教师可以通过观察学生在讨论中的表现，评估他们的沟通能力和团队合作能力。

课堂表现可以反映学生的学习态度、参与度和互动能力。教师可以通过观察学生在课堂上的表现，了解他们的学习情况和能力。通过笔试、口语考试、书面作业、项目报告、小组讨论和课堂表现等多种评估方法，可以全面评估学生在语言技能、跨文化交际等方面的发展情况。例如，在一门综合性的语言课程中，教师可以通过笔试评估学生的语言知识，通过口语考试评估学生的口语表达能力，通过书面作业评估学生的写作能力，通过项目报告评估学生的知识应用能力，通过小组讨论评估学生的沟通能力，通过课堂表现评估学生的学习态度和参与度。通过这些多样化的评估方法，可以更准确地了解学生的学习情况。

（二）综合能力培养

除了传统的语言技能考核外，还应该涵盖跨文化交际能力、批判性思维、问题解决能力等方面的评估内容。通过小组项目报告，教师可以评估学生的团队合作能力和跨文化交际能力。在这种评估方式中，学生需要与不同文化背景的同学合作完成任务，展示他们在跨文化环境中的沟通和协作能力。例如，一个涉及全球问题的项目报告，可以让学生通过合作研究和讨论，从而评估他们的跨文化交际能力和团队合作精神。

教师可以通过开放性问题的书面作业，评估学生的批判性思维能力。开放性问题要求学生不仅仅是简单地回答问题，而是需要进行深入分析和思考，提出自己的见解和论据。教师可以设计一些实际问题或案例分析，通过这些评估活动，评估学生的实际问题解决能力。

(三) 课程目标的量化衡量

针对不同的课程目标，应设立相应的评估标准和评分体系，明确每个目标所对应的具体评价指标和分值权重。这不仅能够使评估过程更加客观和公正，还能够为学生提供清晰的学习目标和反馈，促进他们的自我提高和发展。教师应根据课程目标，制定详细的评估标准，列出每个课程目标所涉及的具体评价指标。例如，针对口语能力的评估标准可以包括发音准确性、语言流利度和表达清晰度等具体指标；针对写作能力的评估标准可以包括语法准确性、逻辑结构和内容丰富性等具体指标。通过这些具体的评价指标，可以量化衡量学生在不同方面的表现，确保评估的客观性和公正性。

教师应根据评估标准，设定合理的评分体系，明确每个评价指标的分值权重。例如，在一个综合性的语言评估中，可以设定口语能力占30%，写作能力占30%，听力和阅读能力各占20%的评分体系。通过这种分值权重的设定，可以全面衡量学生在不同方面的能力，确保评估结果的全面性和准确性。在评估过程中，教师应根据评估标准和评分体系，对学生的表现进行详细评估，并给予具体的反馈。例如，对于口语评估，教师可以指出学生在发音、流利度和表达方面的具体优点和不足；对于写作评估，教师可以指出学生在语法、结构和内容方面的具体问题和改进建议。通过这些具体的反馈，学生可以了解自己的学习情况，明确需要改进的地方，从而有针对性地提高自己的能力。

通过量化衡量课程目标的达成程度，可以使评估过程更加科学和公正；同时，这种方法也可以为学生提供清晰的学习目标和反馈，帮助他们不断提高和发展。教师在设计评估方式时，应充分考虑课程目标的具体要求，制定详细的评估标准和评分体系。通过这种量化评估方法，可以全面衡量学生的学习成果。

第二节 大学英语课堂模式与课程内容建设

一、大学英语课堂模式的创新

(一)传统课堂与现代教学技术的结合

在当今信息化时代,将传统课堂与现代教学技术相结合,能够极大地提升学生的学习兴趣和效果。多媒体技术的引入为传统课堂带来了丰富的视觉和听觉体验。利用多媒体技术,教师可以将抽象的语言知识以生动的图片、音频和视频等形式呈现,使学生更容易理解和记忆。同时,多媒体还可以通过展示真实的语言环境和文化背景,帮助学生更好地掌握语言的实际运用。学生可以在课外时间继续学习,复习课堂内容,完成教师布置的在线作业和测试。教师可以利用平台上的数据分析功能,跟踪学生的学习进度和效果。在线学习平台还提供了丰富的学习资源,如电子书籍、视频课程和练习题等,学生可以根据自己的需要选择适合的学习材料。

在传统课堂中,教师通常是知识的传授者,学生处于被动接受的地位。而通过互动式教学方法,教师可以设计各种形式的课堂活动,如小组讨论、角色扮演、模拟对话等,鼓励学生主动参与。学生不仅可以练习语言技能,还可以培养团队合作和解决问题的能力。互动式教学方法通过增加师生之间的互动,打破了传统课堂的单向传授模式,使课堂气氛更加活跃。此外,现代教学技术还可以通过混合式学习模式,与传统课堂形成互补。混合式学习将在线课程与面授课程相结合,使学生既能享受课堂教学的互动与指导,又能利用网络课程的灵活性和多样性。学生可以根据自己的时间安排和学习节奏,自主选择学习内容和进度。同时,教师可以利用网络平台进行课前预习和课后复习,增强课堂教学的效果。

(二)混合式学习模式

混合式学习模式作为一种将在线课程与面授课程相结合的教学方式,正日益受到教育界的关注与重视。这种模式结合了传统课堂教学的优势和在线学习的灵活性,为学生提供了更加多样化和个性化的学习体验。首先，混合式学习模式通过在线课程提供了丰富的学习资源，学生可以随时随地进行学习。在线课程通常包括视频讲解、电子书籍、练习题和讨论论坛，学生可以根据自己的学习进度和需求选择合适的学习材料。这种灵活性不仅使学生能够更好地掌握学习内容，还能培养他们的自主学习能力。由于在线课程的自主性较高，学生需要具备较强的自我管理能力和时间管理能力，否则容易产生拖延和学习效果不佳的问题。此外，在线学习缺乏面对面的互动交流，学生在学习过程中可能会感到孤独和缺乏动力。因此，在混合式学习模式中，如何有效地引导学生进行自主学习和加强师生之间的互动交流，是一个重要的课题。

通过将在线课程和面授课程相结合，学生可以根据自己的时间安排和学习需求，灵活地选择学习方式。在面授课程中，教师可以进行面对面的指导和答疑，学生可以与教师和同学进行互动交流，解决学习中的问题。而在在线课程中，学生可以利用网络资源进行自主学习，深入理解和掌握课程内容。这种灵活的学习方式不仅提高了学生的学习效果，也增强了他们的学习兴趣和参与度。以某高校的英语课程为例，该校采用混合式学习模式，将在线课程与面授课程相结合。在线课程提供了丰富的学习资源，包括视频讲解、电子书籍和在线练习，学生可以根据自己的进度进行学习。同时，学校还设置了面授课程，教师在课堂上进行讲解和答疑，组织小组讨论和互动活动。通过这种模式，学生不仅能够在课外时间自主学习，还能在课堂上与教师和同学进行互动交流，提升学习效果和学习体验。

在线课程的质量和效果依赖于课程设计和技术支持，如果在线课程的内容设计不合理或技术支持不到位，学生的学习效果可能会受到影响。此外，混合式学习模式要求教师具备较高的教学设计能力和技术应用能力，教师需要不断学习和适应新的教学方式，以提高教学效果。为了解决这些问题，学校可以采取一些措施。例如，学校可以加强在线课程的设计和质量监控，确保在线课程内容的科学性和合理性。同时，学校可以为教师提供培训和支持，帮助教师提高教学设计能力和技术应用能力。此外，学校还可以通过设立学习小组和讨论论坛，增强学生之间的互动交流，减少在线学习的孤独感和学习动力不足的问题。

混合式学习模式的优点在于其灵活性和多样性，为学生提供了更加丰富和个性化的学习体验。然而，其缺点也不容忽视，特别是在在线学习的自主性和师生互动方面，需要采取有效的措施加以改进。总的来说,混合式学习模式在现代教育中具有广阔的应用前景,通过不断探索和实践,可以为学生提供更加优质的学习资源和学习体验,提高教育质量和学生的学习效果。

(三) 任务型教学法

任务型教学法(Task-Based Language Teaching, TBLT)作为一种强调任务驱动的教学方法,在大学英语课堂中发挥着重要作用。首先,这种教学法通过实际任务的设计,激发了学生的学习动机。传统的教学模式往往以教师讲授为主,而任务型教学法则将学生置于任务的中心,通过设计具体的任务,使学生在完成任务的过程中主动学习。例如,教师可以设计一个模拟国际会议的任务,让学生扮演不同国家的代表进行讨论和发言。在这样的任务中,学生需要在查阅资料、准备发言稿等过程中提高自身的语言能力和知识水平。不同于传统的教师讲解,任务型教学法要求学生在课堂上积极参与到各种任务和项目中去。通过小组合作、角色扮演等方式,学生之间的互动增多,课堂氛围更加活跃。例如,在一次关于环保主题的课堂上,每组负责一个特定的环保问题,要求学生们进行讨论并最终展示他们的解决方案。学生不仅要用英语进行交流,还要发挥创造力和团队合作精神,从而在实际操作中提升了英语水平和综合素质。

在任务的设计和执行过程中,学生不仅仅是语言能力得到提升,还培养了他们的批判性思维、问题解决能力和团队合作能力。例如,在一个模拟公司招聘的任务中,学生需要撰写英文简历、准备面试问题、模拟面试场景等。这不仅锻炼了他们的语言表达能力,也让他们在实际操作中积累了宝贵的经验,提高了就业竞争力。传统教学法往往以考试成绩作为唯一的评价标准,而任务型教学法则强调学生在完成任务过程中的表现和进步。例如,在完成一个项目报告的任务中,教师可以通过定期检查学生的进展,提供针对性建议和指导,帮助学生逐步完善自己的工作。这种持续的反馈机制,不仅有助于学生及时发现并纠正错误,还能激励他们不断努力,追求更好的表现。

通过具体的任务,学生在解决问题的过程中需要不断地进行自我反思和调整,从而逐渐形成自主学习的习惯。例如,在一个关于文化差异的任务中,学生需要查阅大量的资料,自行规划学习进度,并通过小组讨论和交流来深化对问题的理解。这种自主学习的过程,不仅提升了学生的英语水平,也培养了他们独立思考和解决问题的能力,为未来的学习和工作打下了坚实的基础。通过设计涉及不同文化背景的任务,学生在学习语言的同时,也加深了对不同文化的理解和尊重。例如,教师可以设计一个模拟国际交流会的任务,要求学生们分别介绍自己国家的文化,并与其他国家的学生进行互动交流。学生不仅学习了英语表达,还通过与不同文化背景的同学交流,增强了跨文化交际能力。

二、课程内容的多样化建设

(一) 多样化的教材与教学资源选择

选择和开发适合不同学生需求的教材和教学资源至关重要。首先,纸质教材作为传统教学资源,具有不可替代的优势。纸质教材的设计往往经过严格的审定和编写流程,内容系统、权威性强,有助于学生系统地掌握知识。同时,纸质教材的可触摸性和便于标注的特性,使得学生在学习过程中能够更直观地进行思考和记录。然而,纸质教材也存在一定的局限性,它无法及时更新内容,难以满足迅速变化的知识需求。电子教材不仅能够以多媒体形式呈现知识,更能够通过互动性设计增强学生的学习体验。例如,电子教材中的视频、音频和动画等多媒体元素,可以帮助学生更好地理解和记忆复杂的概念。此外,电子教材的灵活性使得其内容可以根据需要进行实时更新,确保学生接触到最新的知识。然而,电子教材的使用也需要注意对学生视力的保护以及合理使用电子设备,避免过度依赖。

网络资源的种类繁多,内容丰富,为学生提供了广泛的学习材料和平台。例如,在线课程、学术网站、教育视频平台等,都是学生获取知识的重要途径。通过网络资源,学生不仅可以自主选择学习内容,还能够与全球的学习者和专家进行交流和互动,极大地拓展了学习的广度和深度。然而,网络资源的选择需要教师和学生具备较强的甄别能力,确保所选资源的权威性和科学性,避免受到不良信息的干扰。为了满足不同学生的需求,教师在选择和开发教材和教学资源时需要考虑学生的个体差异。例如,可以选择难度较高、内容更为深入的教材和资源,以满足他们的学习需求和发展潜力。而对于学习基础较弱的学生,则应选择内容较为简单、循序渐进的教材和资源,帮助他们逐步提高学习能力。① 此外，对于具有特殊需求的学生，如听觉或视觉障碍学生，可以选择专门设计的无障碍教材和资源，确保每一位学生都能够公平地获得教育资源。

传统的教材和教学资源往往以文字和图片为主，而现代教育中，结合多种媒介和形式的资源更能激发学生的兴趣和学习动力。例如，通过引入虚拟现实技术，学生可以在虚拟环境中进行实验和探究，从而更直观地理解和掌握知识。此外，游戏化教学资源的开发和应用，也能够通过寓教于乐的方式。教师在选择和开发教材和教学资源时，还应注重与教学目标和课程标准的结合。教材和资源的选择不仅要符合学生的兴趣和需求，更要与教学目标保持一致，确保学生在学习过程中能够系统地掌握课程要求的知识和技能。例如，在选择英语教材和资源时，不仅要考虑学生的语言水平和兴趣，还要结合课程标准中的听说读写能力要求，选择相应的教材和资源，帮助学生全面提升语言能力。

通过选择和开发贴近学生生活实际的教材和资源，能够使学生在学习过程中产生共鸣，增强学习的实用性和趣味性。这样的教学资源不仅能够提高学生的学习兴趣，还能够帮助他们将所学知识应用于实际生活中，培养他们的创新思维和解决问题的能力。在选择和开发资源时，教师可以提供多种学习途径和方法，鼓励学生根据自己的兴趣和需求进行自主学习。例如，教师可以推荐一些优秀的在线课程和学术网站，引导学生自主选择和学习；也可以提供一些开放性的问题和项目，让学生在探究和解决问题的过程中自主学习和发展。通过多样化的教材和教学资源，学生不仅能够在课堂上系统地学习知识，还能够在课外通过自主学习不断扩展和深化自己的知识和技能。

（二）基础英语与专业英语的整合

在大学英语课程中，如何有效地融合基础英语和专业英语，使学生既能掌握语言基础，又能应对专业领域的实际需求，是一个重要的教学课题。基础英语的教学侧重于语言的基本技能，这些技能是学生学习和运用英语的基础。通过系统的基础英语训练，学生可以打下坚实的语言基础，掌握语法规则、扩大词汇量，并提高语言的综合运用能力。这为他们进一步学习专业英语提供了必要的前提和支持。不同专业有其独特的术语和表达方式，学生在学习专业英语时，不仅需要理解这些术语和表达，还需

---

① 方颖慧. 新文科背景下高校英语教学质量的影响因素及提升路径 [J]. 科教导刊, 2023 (31)：108-110.

要能够在实际工作中灵活运用。例如，医学专业的学生需要学习医学术语，掌握医学报告和病例分析的写作技巧；工程专业的学生则需要了解工程术语，能够阅读和撰写技术文档。因此，专业英语的教学内容应根据不同专业的特点进行设计，使学生能够在实际工作中准确、有效地使用英语。

可以在基础英语教学中适当引入专业英语的内容，帮助学生逐步过渡。例如，在词汇教学中，可以增加一些专业术语的讲解和应用；在阅读材料中，可以选择一些与专业相关的简单文章或新闻报道，使学生在学习基础语言技能的同时，初步接触到专业领域的语言和知识。这样的设计可以让学生在不增加学习负担的情况下，自然而然地将基础英语与专业英语结合起来。在教学内容上，可以通过模块化的设计，将基础英语和专业英语有机地结合起来。例如，在一个学期的课程中，可以设置基础英语模块和专业英语模块，前者侧重于语言基本技能的训练，后者则通过案例分析、项目报告等形式，强化专业领域的语言应用能力。这样的设计不仅可以帮助学生巩固基础语言技能，还可以使他们在实际的专业场景中运用所学的语言知识，提升综合能力。

通过任务型教学、项目学习、情景模拟等多种教学方法，可以有效地将基础英语和专业英语融合在一起。例如，在一个以环保为主题的项目学习中，学生需要查阅相关资料、撰写项目报告并进行展示。他们既要运用基础英语技能进行资料查找和阅读，又要掌握专业术语和表达方式，进行专业领域的讨论和汇报。这样的教学方法不仅增强了学生的学习兴趣和主动性，还提高了他们在实际情境中运用英语的能力。他们不仅要具备扎实的语言基础和专业知识，还需要具备创新的教学理念和方法。通过不断学习和实践，教师可以设计出既符合学生语言学习规律，又能满足学生专业需求的教学方案。例如，通过与专业教师合作，共同开发跨学科的教学资源和案例，使学生在学习语言的同时，深刻理解专业知识和实际应用。这样的合作不仅有助于提高教学效果，还能促进学科间的交流和融合。

传统的语言评估往往侧重于对基础语言技能的考查，而专业英语的评估则需要更加注重语言在实际专业情境中的应用能力。因此，在评估体系的设计中，可以采用多元化的评估方式，包括语言技能测试、项目报告、案例分析等，全面考查学生的语言综合能力。例如，通过实际的项目展示和案例分析，可以评估学生在特定专业领域中的语言运用能力，发现他们在学习过程中存在的问题，并及时进行调整和改进。学生在基础英语与专业英语整合的学习过程中，主动性和自主学习能力也至关重要。通过引导学生进行自主学习和探究，可以帮助他们更好地掌握专业领域的语言和知识。例如，鼓励学生利用网络资源，参加专业领域的英语讲座和研讨会，与专业人士进行交流和互动，这不仅可以扩展他们的知识面，还能提高他们的语言应用能力和实际工作能力。通过多种途径的自主学习，学生可以在不断实践中，逐步实现基础英语和专业英语的有机整合。

（三）实用性与趣味性的平衡

实用性是课程设计的核心要素，确保学生能够在学术领域和职业领域中应用所学知识。课程内容应紧密结合实际需求，提供学生未来工作所需的技能和知识。例如，在职业技术类课程中，应注重实践操作和技能训练，通过模拟实际工作环境的实验和项目，使学生在掌握理论知识的同时，具备实际操作能力。这样的设计可以有效提升学生的就业竞争力，确保他们能够胜任未来的工作岗位。趣味性可以激发学生的学习兴趣和动力，使他们在学习过程中保持积极性和主动性。通过引入游戏化教学、互动活动和多媒体资源，可以使课程内容更加生动有趣。例如，在语言学习中，可以通过角色扮演、情景模拟和语言游戏等方式，让学生在轻松愉快的氛围中学习语言。这不仅提高了学生的参与度，还增强了他们对课程内容的理解和记忆。

通过将实用的知识和技能融入有趣的教学活动，可以实现两者的平衡。例如，可以设计一些实验和探究活动，让学生通过动手操作和实际观察，掌握科学原理和方法。这些活动不仅具有很强的实用性，还能激发学生的好奇心和探究欲望，使他们在实践中体验到学习的乐趣。这样的设计，不仅能使学生掌握必要的知识和技能，还能培养他们的创新思维和问题解决能力。教师可以设计出既符合学生需求，又具有趣味性的课程内容。例如，通过与学生的互动交流，了解他们的兴趣和需求，调整课程内容和教学方式，使课程更加贴近学生的实际情况。此外，教师还可以通过引入跨学科的教学资源和案例，拓宽学生的视野，使他们在学习过程中能够综合运用多学科的知识和技能。

传统的评估方式往往侧重于对知识点的考查，而忽视了学生的实际应用能力和学习兴趣。例如，通过项目展示和小组讨论，可以评估学生在实际问题中的应用能力和合作精神。通过引导学生进行自主学习和探究，可以帮助他们更好地掌握实用的知识和技能，并保持对学习的兴趣和热情。例如，教师可以提供多种学习资源和途径，鼓励学生根据自己的兴趣和需求进行自主学习和探索。例如，推荐一些优秀的在线课程、学术网站和实践项目，让学生在课外进行深入学习和实践。这不仅可以提高学生的自主学习能力，还能帮助他们在实际操作中积累经验，提升综合素质和能力。

通过选择和开发贴近学生生活实际的教学资源和案例，可以使学生在学习过程中产生共鸣。例如，在经济学类课程中，可以通过分析当前的经济热点问题，让学生了解经济学原理在实际生活中的应用；在工程类课程中，可以通过设计和制作简单的工程项目，让学生在实践中掌握工程技术和原理。设计不仅可以提高学生的学习兴趣，还能帮助他们将所学知识应用于实际生活中。为了更好地实现实用性与趣味性的平衡，课程设计还应注重多样化和个性化。每个学生的兴趣和需求各不相同，通过提供多样化的课程内容和教学方式，可以满足不同学生的学习需求。例如，通过设置选修课、开展兴趣小组和组织课外活动等方式，为学生提供多种学习选择和途径，让他们根据自己的兴趣和需求进行学习和发展。此外，通过个性化的教学辅导和支持，可以帮助学生克服学习中的困难，提升他们的学习效果和兴趣。

第三节　大学英语课堂模式与课程教学改革的成效评估

一、多媒体教学手段的应用与评估

（一）多媒体教学手段的应用

多媒体技术的应用极大地丰富了大学英语课堂的教学手段，使得教学内容更加生动形象。通过引入视频资源，学生可以在真实的语言环境和情境中学习。例如，观看英语电影、新闻片段和纪录片，不仅提高了学生的听力水平，还增强了他们对英语国家文化和社会的理解。此外，教师可以利用视频进行教学示范，展示口语发音和交流技巧，这些直观展示有助于学生更好地模仿和掌握语言。音频资源在多媒体教学中同样发挥着重要作用。通过听取英语广播、播客和歌曲，学生可以在不同的语速和语境下练习听力，提升对各种口音和表达方式的适应能力。音频资源不仅可以锻炼学生的听力，还能帮助他们培养语感和语调。此外，教师可以利用音频资源进行听写训练和听力测试，通过多样化的听力材料，帮助学生全面提升听力水平。

通过动画演示，复杂的语法结构和语言现象可以被形象地展示出来，帮助学生直观地理解和记忆。例如，动词时态的变化、句子成分的组合等，均可通过动画形式清晰地展现在学生面前，增强他们的理解和记忆效果。图像资源则可以用于词汇教学，通过图片和单词的结合，使学生在视觉和语言的双重刺激下，更加容易记住和掌握新词汇。教师可以利用多媒体设备展示学生的作业、讨论结果和课后反馈，使得课堂互动更加便捷和高效。例如，通过互动白板和投影设备，教师可以即时展示学生的答案和问题，并进行集体讨论和分析。这种互动方式不仅提高了课堂的参与度，还增强了学生的表达能力和合作意识。

多媒体技术的应用为大学英语课堂带来了丰富的教学手段和资源，通过视频、音频、动画等多种形式，学生能够在多感官的刺激下更好地理解和记忆语言知识。多媒体技术不仅使课堂教学更加生动有趣，还提高了学生的学习效果和积极性。总之，多媒体教学手段的应用有效地提升了大学英语课堂的教学质量，为学生的语言学习提供了强有力的支持。

（二）评估成效

多媒体教学手段的应用显著增强了课堂的趣味性和实用性，使学生的注意力和参与度大幅提高。生动形象的多媒体资源，如视频和动画，有效吸引了学生的注意力，使他们在课堂上保持高度的集中。这种视觉和听觉上的多重刺激，使得学生能够更加专注于学习内容，从而提高了课堂效率和学习效果。通过使用互动白板、投影设备和教育软件，教师能够更灵活地展示教学内容，及时与学生进行互动。这种互动方式不仅激发了学生的学习兴趣，还增强了他们在课堂上的参与感。评估结果表明，学生在多媒体课堂中的参与度明显高于传统教学模式，他们更愿意主动发言、参与讨论和合作学习。

评估数据显示，采用多媒体教学手段的课程，学生在听、说、读、写等方面的能力均有显著提升。在听力方面，通过音频和视频资源的反复练习，学生能够更好地适应不同语速和口音的英语，听力理解能力得到明显提高。在口语方面，通过多媒体示范和情景模拟，学生的发音和表达能力得到了有效提升，他们在实际交流中表现得更加自信和流利。通过电子书、在线文章和多媒体课件等资源，学生接触到更多的阅读材料，阅读速度和理解能力得到了显著改善。写作方面，利用多媒体工具进行作文展示和反馈，使学生能够及时发现和改正错误，提高了写作水平。评估结果显示，多媒体教学手段的应用，使学生的阅读和写作能力有了全面提升，他们能够更加准确地理解和表达复杂的语言内容。

二、任务型教学法的实施与评估

（一）任务型教学法的实施

任务型教学法显著提升了学生的实践能力和创新思维。通过实际任务的设计与实施，学生在真实的语言环境中进行学习，使得他们的语言应用能力得到了极大提高。学生在完成各类任务时，能够更自信地运用英语进行沟通和表达，这不仅增强了他们的语言技能，还提高了他们在实际情境中解决问题的能力。此外，任务型教学法注重团队合作，学生在任务中需要与同伴密切配合，完成各项任务和项目。这种合作学习的方式，有效培养了学生的团队合作能力。在共同解决问题的过程中，学生学会了如何分工合作、有效沟通和相互支持，团队合作能力得到了显著提升。参与任务型教学的学生，其合作意识和团队精神比传统教学模式下的学生更为突出。

通过任务设计，学生需要运用创造性思维来解决实际问题。例如，在模拟商业谈判或策划活动中，学生需要提出新颖的解决方案和策略，这要求他们不断思考和创新。任务型教学法使学生在面对新问题时，能够灵活运用所学知识，并提出具有创意的解决方案，这种创新能力在他们的学习和未来职业生涯中均具有重要意义。通过参与实际任务，学生不仅学习了理论知识，更在实践中将这些知识应用于具体问题的解决中，动手能力和实际操作技能得到了极大锻炼和提高。在任务驱动的学习过程中，学生需要自主查找资料、分析问题和制定解决方案，这培养了他们的独立思考能力和自主学习精神。任务型教学的学生更具备自主学习的意识和能力，他们在面对新知识和新任务时，更加主动和自信。

三、线上线下混合教学模式的实施与评估

（一）线上线下混合教学模式的实施

线上线下混合教学模式结合了传统课堂教学和在线学习的优势，为现代教育带来了新的可能性。这种模式通过线上平台提供丰富的学习资源和互动机会，使学生能够根据自己的学习节奏进行自主学习。传统课堂教学的优势在于面对面的交流与指导，教师可以及时解答学生的疑问，提供个性化的辅导和支持。同时，课堂讨论和互动也能激发学生的学习兴趣和积极性，促进他们对知识的深入理解和掌握。学生可以随时随地访问各种学习资源，包括视频课程、电子书籍、学术论文等。这些资源不仅丰富了学生的学习内容，还提供了多样化的学习路径，满足了不同学生的学习需求。例如，学生可以通过观看视频课程，复习课堂上未能完全理解的知识点，或者通过在线讨论区，与全球的学习者交流和分享学习经验。

学生可以在课堂上进行基础知识的学习和互动讨论，通过线上平台进行自主学习和扩展知识。这种方式不仅提高了课堂教学的效率，还增强了学生的自主学习能力。例如，教师可以在课堂上讲解基本概念和原理，而将更深入的专题研究和实践任务安排在线上进行。这样，学生可以根据自己的兴趣和学习进度，自主选择学习内容和方式，进一步提升学习效果。通过线上平台，教师可以方便地分享教学材料和资源，学生也可以随时访问这些资源进行学习和复习。这样的资源共享机制，不仅提高了教学资源的利用率，还增强了师生之间的互动和交流。例如，教师可以通过线上平台发布课后练习和测试，学生可以在线完成并及时获得反馈，这种及时的评估和反馈机制，有助于学生发现和解决学习中的问题。

混合教学模式还具有很强的适应性和灵活性，能够满足不同学生的学习需求。对于学习基础较好的学生，他们可以通过线上平台进行更高难度的学习和研究，进一步提升自己的知识水平和能力。此外，混合教学模式还可以适应不同的教学内容和形式，例如理论课程、实验课程和实践课程等，都可以通过这种模式进行有效教学。

（二）评估成效

通过结合传统课堂和在线学习的优势，这种教学模式为学生提供了更加灵活的学

习环境。学生在混合教学模式下的学习效果显著提升，特别是在自主学习能力和信息技术应用能力方面表现突出。混合教学模式使学生能够根据自己的学习进度和需求，自主安排学习时间和内容。这种灵活性让学生可以更有效地利用零碎时间进行学习，提高了学习效率。例如，学生可以通过观看视频讲座来复习课堂上未能完全掌握的知识点，或者通过在线测验来检验自己的学习成果并及时调整学习计划。

学生在这种模式下表现出更强的自主学习意识和能力。他们能够主动查找资料、完成在线作业并参与在线讨论，从而培养了自主学习的习惯和技能。这种自主学习能力的培养，不仅提高了学生在校期间的学习效果，还为他们未来的学习和职业发展打下了坚实的基础。学生在使用各种在线学习工具和平台的过程中，熟悉了信息技术的操作和应用。学生在混合教学模式下，能够熟练使用在线学习平台进行课程学习、资料查找和作业提交等。这种信息技术应用能力的提升，不仅有助于他们在学术研究中更有效地获取和利用信息资源，还增强了他们在未来工作中的竞争力。教师可以实时了解学生的学习进度和困难，及时提供个性化的指导和支持。学生也可以通过平台及时反馈学习中的问题和建议，与教师进行有效交流和互动。这种及时的反馈机制，有助于提高教学的针对性和效果，使教学过程更加高效和有针对性。

第七章　大学英语课堂教学中教师的专业发展

第一节　大学英语教师在课堂模式创新中的角色定位

一、引导者和促进者

（一）引导学生自主学习

教师应通过多种途径，促进学生形成自主学习的习惯，从而提高他们的学习效果。教师需要为学生提供丰富的学习资源，这些资源不仅包括传统的教材和参考书，还应涵盖电子书、在线课程、学术文章和多媒体资源等。通过为学生提供多样化的学习材料，教师可以满足不同学习需求和兴趣的学生，激发他们的学习动力。一个有效的学习计划不仅应包含学习目标和任务，还应考虑到学生的学习时间和节奏。教师可以根据学生的实际情况，指导他们分阶段设定学习目标，并提供具体的学习建议和策略。例如，教师可以建议学生每天安排一定的时间进行听力练习、阅读英语文章或参与英语讨论，这样不仅有助于学生系统地掌握知识，还能培养他们的时间管理能力。

为了促进学生自主学习的习惯，教师还应注重培养学生的学习技能和方法。例如，教师可以通过课堂讲解和实践活动，教学生如何进行有效的笔记记录、如何使用图书馆资源、如何查找和评估信息等。这些学习技能不仅能帮助学生更好地理解和掌握课堂内容，还能提高他们的自主学习能力和效率。教师可以在课堂上引入一些学习策略，如主动学习法、合作学习法和反思学习法等，鼓励学生在实践中不断改进和优化自己的学习方法。另外，教师应积极利用现代信息技术，提供便捷的学习平台和工具。例如，通过创建课程网站、在线学习社区或使用学习管理系统，教师可以为学生提供一个自主学习的平台。这个平台不仅可以分享学习资源和资料，还可以进行在线讨论和交流，帮助学生解决学习中的问题。教师还可以利用在线测试和作业系统，及时了解学生的学习情况，并给予个性化的反馈和指导。

为了激励学生持续自主学习，教师还应注重评价和反馈机制的建立。通过多样化的评价方式，如阶段性测试、项目报告和学习日志等，教师可以全面了解学生的学习进展和成效。及时反馈不仅能帮助学生发现和改正学习中的不足，还能增强他们的自信心和学习动力。教师可以通过表扬和奖励机制，激励学生积极参与自主学习，逐步形成良好的学习习惯。此外，教师应扮演好学生自主学习的支持者和伙伴角色。通过建立良好的师生关系，教师可以了解学生的学习需求和困难，提供及时的帮助和支持。教师可以通过定期的个别辅导和交流，帮助学生解决学习中的疑难问题，指导他们制定和调整学习计划。同时，教师还可以通过分享自己的学习经验和方法，激励学生不断进取，追求更高的学习目标。

（二）促进课堂互动

教师在课堂模式创新中，需要积极营造互动课堂氛围，以激发学生的学习兴趣和参与度。通过小组讨论、角色扮演、情境模拟等多种互动方式，教师不仅可以深入了解学生的学习情况，还能在互动中帮助学生巩固知识，提升语言运用能力。首先，小组讨论是促进课堂互动的有效方法之一。教师可以根据教学内容，将学生分成若干小组，围绕特定主题进行讨论。学生可以相互交流观点，分享不同的见解，从而加深对学习内容的理解。教师在这个过程中，可以适时介入，引导讨论方向，解答学生疑问，确保讨论的有效性和深度。通过设置不同的情境和角色，学生可以在模拟的环境中实践语言运用。例如，在学习商业英语时，教师可以安排学生扮演客户和销售人员，模拟实际的商务谈判。这不仅让学生在真实情境中练习语言，还能培养他们的应变能力和沟通技巧。角色扮演的互动性强，能有效激发学生的学习兴趣，使课堂更加生动有趣。

教师可以设计与教学内容相关的情境，让学生在模拟情境中进行实践。例如，在学习旅游英语时，可以设置模拟机场或酒店的情境，让学生进行问询、订票、入住等对话练习。学生能够在接近真实的环境中运用所学知识，提高实际操作能力。同时，情境模拟也能帮助学生克服语言学习中的紧张和害羞，增强自信心。通过这些互动方式，教师不仅能够激发学生的学习兴趣和参与度，还能有效提升他们的语言运用能力。互动课堂中，学生需要频繁使用英语进行交流，这不仅锻炼了他们的口语表达能力，也增强了听力和理解能力。此外，通过互动，学生在实际操作中巩固了课堂所学知识，加深了记忆，提高了知识的应用水平。

通过积极互动和沟通，教师可以及时调整教学策略和方法。良好的师生关系能够增强学生的信任感和安全感，使他们更加愿意参与课堂互动。教师应通过鼓励和表扬，增强学生的自信心。通过小组讨论和合作项目，学生可以培养团队合作精神，学会如何在团队中分工协作，发挥各自的优势。这不仅有助于提高学习效果，还能培养学生的社交能力和合作意识。此外，互动课堂能够促进学生批判性思维和创新能力的发展。通过讨论和辩论，学生需要不断思考和分析问题，提出合理的观点和解决方案。这种思维训练有助于培养他们的逻辑思维能力和创新意识，使他们在面对复杂问题时，提出创造性的解决方案。

二、资源整合者和设计者

（一）整合多样化的教学资源

在课堂模式创新中，教师需要扮演资源整合者的角色，将传统教材、电子资源和网络资源等多种资源有机结合，为学生提供丰富的学习材料。首先，传统教材作为教学的基石，具有系统性和权威性，为学生提供了基础知识框架和学习路径。然而，单一的教材往往难以满足现代学生多样化的学习需求。为了弥补这一不足，教师应结合电子资源和网络资源，拓展教学内容的广度和深度。教师可以将视频、音频、动画等资源引入课堂，增强教学的生动性和实用性。例如，在讲解英语发音时，教师可以播放标准发音的视频，让学生直观地学习口型和发音技巧；在教授文学作品时，播放相关的电影片段或音频朗读，有助于学生更好地理解作品的情感和背景。通过这些多媒体资源，学生不仅能够获得多感官的学习体验，还能更容易地掌握复杂的知识点。

教师可以通过网络查找和分享各种优质的学习材料，如在线课程、学术论文、电子书籍等。这些资源不仅丰富了教学内容，还提供了不同的视角和观点，帮助学生开阔眼界，培养批判性思维。例如，教师可以推荐学生观看知名大学的公开课，或者阅读国际学术期刊上的最新研究成果，激发他们的学习兴趣和学术探究精神。教师还可以利用网络平台和工具，创建和管理在线学习社区。例如，通过建立课程网站或使用学习管理系统，教师可以上传教学资料、发布作业、进行在线测验，并与学生进行实时互动和交流。这种在线学习平台，不仅方便了学生随时随地进行学习和复习，还增强了师生之间的沟通与互动，提高了教学的效率和效果。

整合多样化的教学资源，不仅需要教师具备一定的技术素养，还需要他们在教学设计中注重资源的有机结合。教师应合理选择和使用各种资源，避免资源的堆砌和重复。例如，在安排课程内容时，教师可以将传统教材中的理论知识与电子资源中的实例讲解相结合，通过网络资源提供的扩展阅读和练习，帮助学生全面理解和掌握知识。此外，教师应积极培养学生利用多种资源进行自主学习的能力。通过引导学生自主查找和使用电子资源和网络资源，教师可以帮助他们养成良好的学习习惯，提升信息素养。例如，教师可以布置一些需要学生自主查阅资料和完成的课题或项目，鼓励他们在过程中使用各种资源，并在课堂上分享他们的发现和成果。这种自主学习的训练，有助于学生在未来的学习和工作中，能够灵活运用各种资源解决问题。

（二）设计有效教学活动

作为设计者，需要精心设计各种教学活动，以确保其符合学生的学习需求和兴趣。通过设计任务型教学活动和项目学习等方式，教师能够帮助学生在实践中运用所学知识，培养他们的创新思维和实际操作能力。任务型活动可以包括小组讨论、角色扮演、情景模拟等，旨在让学生在实际操作中理解和掌握课程内容。项目学习通常涉及较长时间的课题研究，学生需要在教师的指导下，自主选择和探究某一主题，最终完成项目报告或展示。通过项目学习，学生不仅能深入了解所学知识，还能培养研究能力、团队合作能力和时间管理能力。例如，教师可以设计一个关于文化差异的项目，要求学生通过查阅资料、采访和实地考察，最终完成一份关于中西文化差异的报告。这种学习方式，不仅让学生在实践中运用语言，还增强了他们的跨文化交际能力。

为了确保教学活动的有效性，教师在设计过程中应充分考虑学生的兴趣和需求。教师可以通过调查问卷、课堂讨论等方式，了解学生的兴趣点和学习偏好，并据此设计相关的教学活动。例如，如果学生对科技创新感兴趣，教师可以设计一些与科技前沿相关的项目，如人工智能应用研究、环保科技创新等，通过这些项目激发学生的学习动力和探索精神。单一的教学形式容易使学生产生疲劳感和厌倦感，而多样化的教学活动则能不断吸引学生的注意力。例如，教师可以结合实际案例、实验操作、游戏化学习等多种方式，使教学活动更加生动有趣。通过这些创新的教学方法，学生在愉快的学习氛围中，不仅能有效掌握知识，还能培养创造力和解决问题的能力。

教师可以通过设置阶段性目标和任务，逐步引导学生完成学习任务，并在每个阶段进行及时反馈和评价。这种过程评价不仅能帮助学生及时发现和纠正学习中的问题，还能增强他们的自信心和成就感。例如，在项目学习过程中，教师可以定期检查学生的进展情况，提供建议和指导，确保项目的顺利进行和最终成果的质量。另外，教师在设计教学活动时，还应注重培养学生的自主学习和合作学习能力。通过设计一些需要团队合作的任务和项目，教师可以促进学生之间的互动和交流，培养他们的团队合作精神和协作能力。例如，教师可以设置小组讨论、团队项目等活动。同时，教师应鼓励学生自主查找资料、解决问题，培养他们的自主学习能力和创新思维。

三、指导者和反馈者

（一）提供个性化指导

教师应当根据学生的个体差异，提供有针对性指导和支持。这种个性化指导不仅能满足学生的不同需求，还能有效提高教学效果和学生的学习积极性。首先，教师需要关注每个学生的学习进度和困难，了解他们的学习习惯和能力差异。通过定期的测评和课堂观察，教师可以及时掌握学生的学习情况，并根据具体情况调整教学方法和内容。此外，教师应根据学生的兴趣和能力，制定个性化的学习计划。这样的学习计划应包含明确的学习目标、步骤和时间安排，使学生能够有条不紊地进行学习。通过个性化的学习计划，学生可以在教师的指导下，逐步克服学习中的困难。例如，教师可以安排更多的基础练习和辅导；对于学习能力较强的学生，则可以提供更具挑战性的任务和项目，激发他们的学习潜力。①

---

① 黄希楠. 大学英语教学中课堂与课后学习的融合策略 [J]. 校园英语，2023（41）：94-96.

为了更好地提供个性化指导，教师还应建立良好的师生关系，与学生进行深入沟通和交流。通过了解学生的兴趣、需求和困惑，教师可以更加精准地提供帮助和支持。教师应鼓励学生主动表达自己的学习需求和意见，并及时回应他们的疑问和困惑。这样的互动不仅有助于建立信任关系，还能增强学生的学习动力和自信心。在个性化指导中，教师还应注重利用现代信息技术和资源。通过在线学习平台和教育应用，教师可以为学生提供丰富的学习资源和个性化的学习建议。例如，教师可以利用在线测评工具，实时监测学生的学习进度和效果，并根据数据调整教学策略。通过在线讨论区和辅导课程，教师可以为学生提供个别辅导和答疑，帮助他们解决学习中的具体问题。

教师应灵活运用多种教学方法。比如，教师可以结合讲解、示范、讨论、实践等多种教学手段，使教学过程更加生动有趣。对于视觉型学习者，教师可以多使用图表、视频等视觉材料；对于听觉型学习者，则可以多采用口头讲解和讨论的方式。通过多样化的教学手段，教师能够更好地激发学生的学习兴趣和参与度。个性化指导还应注重培养学生的自主学习能力和自我管理能力。教师应引导学生学会制定学习目标、管理学习时间、反思学习过程等，逐步培养他们的自主学习习惯。例如，教师可以定期组织学习经验交流会，让学生分享自己的学习方法和经验，互相借鉴和学习。通过这样的引导，学生不仅能够提高学习效果，还能形成良好的学习习惯和方法。

在提供个性化指导的过程中，教师还应注重学生的心理健康和情感支持。了解学生的心理状态，关注他们的情感需求，及时提供关怀和支持，对于学生的全面发展至关重要。教师应通过积极的鼓励和表扬，增强学生的自信心和学习动力；对于遇到困难和挫折的学生，教师应给予耐心帮助和指导，帮助他们克服心理障碍，重拾学习信心。

（二）及时反馈与评价

教师需要扮演反馈者的角色，通过多种方式对学生的学习进行及时反馈。这种反馈不仅能够帮助学生了解自己的学习情况，还能发现问题并及时改正。在线测试是教师进行反馈的一种有效手段。通过定期的在线测试，教师可以快速了解学生对知识的掌握情况，并根据测试结果，针对性地调整教学内容和方法。在线测试的即时性和便利性，使学生能够迅速获得反馈，及时发现并纠正学习中的不足。通过详细批改学生的作业，教师可以指出学生在学习中存在的问题，并给予具体的改进建议。作业批改不仅能帮助学生认识自己的错误，还能引导他们深入思考，进一步理解和巩固所学知识。教师在批改作业时，应注重反馈的具体性和建设性，避免简单对错判断，而是通过详细的评语，帮助学生明确改进方向。

在课堂上，教师可以通过提问的方式，了解学生对知识点的掌握情况。通过与学生的互动，教师可以发现学生的疑问和困惑，并及时进行讲解和指导。课堂提问不仅能活跃课堂气氛，还能增强学生的参与感和注意力，使他们在互动中巩固知识。教师在提问时，应注重问题的层次性和开放性，鼓励学生积极思考和表达。除了这些传统的反馈方式，教师还可以利用现代信息技术手段，提供更加灵活和多样化的反馈。例如，教师可以实时跟踪学生的学习进度和表现，及时给予个性化的反馈。在线讨论区和论坛也是提供反馈的有效平台，教师可以通过参与在线讨论，解答学生的问题，分享学习资源和建议。这种在线互动，不仅能增强师生之间的交流，还能促进学生之间的合作和互助。

及时反馈能够帮助学生在最短的时间内发现和改正错误，避免问题的积累和扩大。连续的反馈则能够帮助学生持续跟踪自己的学习进展，形成良好的学习习惯和方法。教师应通过多次小测验、阶段性评估和定期回顾等方式，提供持续的反馈，帮助学生不断反思和改进。反馈不仅仅是指出错误和问题，更应注重肯定和鼓励。积极反馈可以增强学生的自信心和学习动力，帮助他们建立积极的学习态度。教师在反馈时，应注重表扬学生的进步和努力，鼓励他们继续努力。通过正面激励，学生能够更加积极主动地投入学习。

反馈的作用不仅在于提高学生的学业成绩，还在于培养他们的自主学习能力和批判性思维。通过反馈，学生能够学会自我评估和反思，逐步形成自我监控和调节的能力。教师应通过反馈，帮助学生掌握自我评估的方法和技巧，培养他们的独立思考和解决问题的能力。

四、学习者和研究者

（一）不断学习新知识和新技能

教师需要保持学习者的姿态，不断学习新的教学理论和方法，以提升自身的专业素养。教师的持续学习不仅能够使其紧跟教育发展的前沿，还能为课堂模式的创新提供有力支持。首先，通过参加各种培训课程，教师可以系统地学习和掌握最新的教育理念和教学技术。这些培训课程通常由教育专家和资深教师讲授，内容涵盖最新的教学研究成果和实践经验，能够帮助教师拓宽视野，提升教学能力。在这些研讨会和会议中，教师不仅可以聆听专家的报告，了解教育领域的最新动态和趋势，还可以与同行进行深入交流和讨论，分享教学经验和心得体会。通过这样的互动和交流，教师可以借鉴他人的成功经验，反思和改进自己的教学方法，从而不断优化教学实践。

教师还应注重利用网络资源和在线学习平台。随着信息技术的发展，互联网为教师提供了丰富的学习资源和机会。教师可以通过在线课程、教育论坛、学术网站等途径，获取最新的教学资料和信息。在线学习不仅方便灵活，还能够根据教师的个人兴趣和需求，提供个性化的学习内容。通过不断自主学习，教师可以随时更新自己的知识储备，保持专业发展的活力。在这些项目和实验中，教师可以亲身实践和验证新的教学理论和方法，积累宝贵的实践经验。通过参与科研和改革，教师不仅可以提高自己的研究能力和教学水平，还能为教育事业的发展作出贡献。此外，教师还可以撰写和发表教育论文，总结和分享自己的研究成果和教学经验，进一步提升自己的学术影响力。

不断学习新知识和技能，不仅有助于教师提升专业素养，还能够激发他们的教学热情和创造力。教师在学习过程中，可以不断发现新的教学方法和工具，并将其应用于课堂教学，创新教学模式。例如，通过学习新的教育技术，教师可以将多媒体、虚拟现实等新技术引入课堂，增强教学的互动性和生动性，提高学生的学习兴趣和效果。这样的创新，不仅能够改善教学质量，还能为学生创造更加丰富和多样的学习体验。教师的持续学习，还能够树立良好的学习榜样，激励学生积极学习和不断进取。教师通过自身的学习行动，向学生传递了终身学习的理念和精神。学生在教师的影响下，能够认识到学习的重要性和乐趣，养成良好的学习习惯和态度。这样的师生互动，不仅有助于提高学生的学习成绩，还能促进他们的全面发展和成长。

（二）进行教学研究与实践

教师应积极开展教学研究，通过实验和反思，不断探索和验证新的教学模式。这样的研究不仅有助于提升教学质量，还为课堂模式创新提供了坚实的科学依据。通过设计和实施教学实验，教师可以在实践中检验不同教学方法和策略的效果。例如，教师可以尝试任务型教学、项目学习或翻转课堂等新型教学模式，观察这些模式在不同班级和学科中的适用性和效果。通过实验，教师能够获取第一手的教学数据，深入了解不同教学方法对学生学习效果的影响。教师在实验过程中，应及时记录和分析教学现象和问题，反思自己的教学行为和策略。通过系统反思，教师可以发现教学中的优点和不足，明确改进方向。例如，教师在实施翻转课堂后，发现学生的自主学习能力有所提升，但课堂互动环节还需进一步优化。通过反思，教师可以调整教学设计，增强课堂互动性和学生参与度，不断完善教学模式。

  教师应将实验和反思中的发现和经验，整理成系统的教学案例和研究报告。这不仅有助于自身的专业成长，还可以与同事分享，共同探讨和改进教学方法。例如，教师在项目学习中的成功经验，可以通过教研活动或学术交流会分享，帮助其他教师了解和借鉴，提高整体教学水平。通过总结和分享，教师可以形成教学研究的良性循环，不断推动教学实践的改进和创新。教师在开展教学实验时，应制定明确的研究目标和计划，选择合适的研究方法和工具，确保研究的科学性和有效性。例如，在研究任务型教学对学生语言能力的影响时，教师可以采用前测和后测的方法，通过量化数据分析教学效果。科学系统的研究方法，不仅能够提供可靠的研究结果，还为教学决策和改进提供了坚实的依据。

  教师应积极参与教学科研项目和学术活动，通过多渠道获取最新的教学研究成果和动态。通过参加教育科研项目，教师可以与其他研究人员合作，共同探讨和解决教学中的实际问题。例如，教师可以参与校级或省级的教学改革项目，通过团队合作和研究，共同推动教学模式的创新和发展。通过参加学术会议和研讨会，教师可以了解国内外最新的教学研究进展，获取丰富的研究资源和启发，不断更新和扩展自己的研究视野。进行教学研究与实践，不仅能够提高教师的教学能力和专业素养，还能为教育政策和教学改革提供科学依据。教师通过系统的教学研究，可以为教育管理者和政策制定者提供第一手的教学数据和研究成果，帮助他们制定更加科学合理的教育政策和措施。例如，教师在研究中发现某种教学模式对学生的综合素质提升有显著效果，可以向学校或教育主管部门建议推广这种模式，为教育改革和发展提供支持。

五、协调者和沟通者

（一）协调各种教学资源和力量

教师在课堂模式创新中需要扮演协调者的角色，协调学校、家庭和社会等各方面的资源和力量，共同支持教学创新。教师应充分利用学校内部的资源，包括图书馆、实验室、多媒体设备等，确保教学过程中的各种需求得到满足。通过与学校管理层和各部门的紧密合作，教师可以获取更多的支持和便利条件，为学生提供丰富的学习材料和实践机会。此外，家庭作为学生学习的重要支持系统，教师应加强与家长的沟通和合作。通过定期的家长会、家校沟通平台，教师可以向家长传递教育理念和教学进展，了解学生在家庭中的学习情况和需要。家长的支持和配合，能够为学生营造良好的学习氛围，促进其全面发展。例如，教师可以建议家长为孩子提供安静的学习环境，鼓励他们参与课外阅读和实践活动，从而提高学生的学习兴趣和效果。

教师应积极与校外专家和社会机构建立联系，邀请他们参与课堂教学和课外活动。例如，可以邀请相关领域的专家到学校开展讲座和指导，组织学生参观科技馆、博物馆等社会教育资源，增强他们的实践能力。学生可以在实际接触和体验中，深化对所学知识的理解，激发学习兴趣。为了更好地协调各种资源，教师需要具备良好的沟通能力和组织能力。通过建立和维护良好的合作关系，教师可以有效整合学校、家庭和社会的力量。教师应积极参与教育管理和决策，提出合理的资源需求和建议，推动教育资源的优化配置和合理利用。通过科学的资源管理和协调，教师可以为学生创造更加丰富和多样的学习环境，提高教学的整体质量和效果。

教师在协调过程中，还应注重资源的共享和互助。通过建立资源共享平台，教师可以与其他教师、学校和社会机构共享教学资料、经验和成果。例如，建立一个在线教学资源库，供教师和学生共同使用，可以大大提高教学资源的利用效率，促进教育资源的均衡发展。教师还可以组织跨校交流活动，与其他学校的教师和学生进行互动，分享教学创新的经验和成果，推动教育质量的共同提升。此外，教师应注重培养学生自主利用资源的能力。通过指导学生自主查找和利用各种资源，教师可以帮助学生养成良好的学习习惯，提升他们的自主学习能力。例如，教师可以指导学生如何有效利用图书馆资源、网络资源，教他们如何进行资料查找和信息筛选，培养他们的自主学习和研究能力。

（二）沟通师生关系

教师还需注重与学生的沟通，了解学生的需求和反馈。教师可以更好地激发学生的学习动力，促进教学相长。首先，教师应保持开放和亲切的态度，与学生建立信任关系。通过日常交流和互动，教师可以了解学生的兴趣、困惑和学习习惯。这种亲密的师生关系能使学生感到被关注和重视。此外，教师应注重倾听学生的声音，鼓励他们表达自己的意见和建议。通过定期的课堂讨论、问卷调查和个别谈话，教师可以获取学生对教学内容、教学方法和课堂管理的反馈。这些反馈对于教师调整和改进教学策略具有重要参考价值。例如，学生可能会提出某些教学方法不够清晰或某些内容过于困难，教师可以根据这些反馈及时作出调整，确保教学更符合学生的需求和能力。

良好的师生沟通不仅仅停留在课堂上，教师还应利用课后时间与学生进行深入交流。通过课后辅导、答疑时间和学习小组，教师可以为学生提供更多个性化的指导和支持。这种额外的关注和帮助，不仅能解决学生在学习中的具体问题，还能增强他们的学习信心和动力。例如，对于学习中遇到困难的学生，教师可以给予更多的耐心和指导，帮助他们逐步克服困难，取得进步。在沟通中，教师还应注重运用积极的语言和态度，给予学生充分的鼓励和表扬。正面的反馈和认可，可以极大地增强学生的自信心和成就感，激励他们不断努力。例如，当学生在课堂上积极参与讨论或取得进步时，教师应及时给予表扬和鼓励，让学生感受到自己的努力得到了认可和肯定。这种积极的互动，不仅有助于建立良好的师生关系，还能营造积极向上的课堂氛围。

教师应平等对待每一位学生，尊重他们的个性和意见，避免偏袒和歧视。通过平等和尊重的沟通，教师可以赢得学生的信任和尊重，形成和谐的师生关系。例如，教师在处理课堂纪律问题时，应公平对待每一位学生，确保每个人都有平等的表达机会和权利。这种公平和尊重的沟通方式，有助于建立良好的课堂秩序和学习环境。例如，通过班级微信群、教学平台和邮件等方式，教师可以与学生保持便捷和高效沟通。学生可以通过这些平台随时向教师提出问题和建议，教师也可以及时回复和解决学生的问题。这种即时和便捷的沟通方式，不仅提高了师生互动的效率，还拓展了沟通的渠道和方式。

建立良好的师生关系，不仅有助于学生的学业进步，还能促进教师的专业成长。在与学生的互动中，教师可以不断反思和改进自己的教学方法，提升教学水平。例如，通过了解学生的需求和反馈，教师可以发现自己的教学薄弱环节，并通过学习和实践不断改进。这种教学相长的过程，不仅能提高教学效果，还能促进教师的职业发展和成长。

六、技术应用者和推广者

（一）应用新技术改进教学

通过使用在线学习平台、教育软件和多媒体设备，教师可以提升课堂教学的互动性和有效性。首先，在线学习平台为教师提供了一个强大的教学工具，可以实现课堂管理、资源分发和互动交流等多种功能。教师可以上传教学资料、布置作业和组织在线讨论，使学生能够随时随地进行学习和复习。这不仅增加了学生的学习灵活性，还能帮助他们更好地掌握学习内容。教师可以利用各种教育软件进行课堂教学和课后辅导。例如，通过使用互动白板软件，教师可以在课堂上进行生动演示和讲解，提高他们的学习兴趣。教育游戏和模拟软件也能让学生在游戏和实践中学习知识，增强他们的学习体验和效果。例如，语言学习软件可以通过互动练习和即时反馈，帮助学生提高听说读写能力，使学习过程更加有趣和有效。

通过使用投影仪、电子白板和 VR 设备，教师可以将抽象的知识具体化，帮助学生更好地理解和记忆。例如，在讲解科学实验时，教师可以使用动画和视频演示实验过程，使学生能够直观地看到每一步操作和结果。这种多感官的学习体验，有助于学生更好地掌握复杂的知识和技能。此外，VR 设备可以为学生提供沉浸式的学习体验，让他们在虚拟环境中进行探索和学习，激发他们的学习兴趣和动机。教师在应用新技术改进教学的过程中，还应注重培养学生的信息素养和数字技能。通过引导学生使用各种信息技术工具，教师可以帮助他们掌握基本的数字技能，提高他们的信息检索、处理和分析能力。例如，教师可以指导学生如何使用网络资源进行资料查找和信息筛选。此外，教师还可以组织学生进行小组项目，利用数字工具进行协作和展示，增强他们的团队合作和沟通能力。

在应用新技术改进教学时，教师还应注重教学内容和技术手段的有机结合。技术只是手段，教学内容才是核心。教师应合理选择和使用信息技术，确保技术手段能够真正服务于教学内容和教学效果。例如，在讲解复杂概念时，教师可以使用动画和视频进行演示，帮助学生直观理解；在进行互动讨论时，教师可以利用在线平台组织学生进行分组讨论和交流。通过参加培训、研讨会和自学，教师可以了解和掌握最新的教育技术和教学工具，拓宽自己的教学视野和技能。例如，教师可以学习如何使用编程软件进行课程设计，如何利用数据分析工具评估教学效果，如何通过社交媒体进行教育传播等。教师可以不断提升自己的专业能力和教学水平，更好地应对现代教育的挑战。

（二）推广创新教学模式

通过分享成功经验和案例，教师可以带动更多的同事参与到课堂模式创新中，形成良好的教学创新氛围。首先，教师应积极探索和实践各种创新教学模式，如翻转课堂、项目学习和混合教学等。这些模式能够打破传统教学的单一性和局限性，为学生提供更加灵活和多样化的学习体验。例如，通过翻转课堂，教师可以将知识传授放在课前，让学生在课堂上进行讨论和实践，增强学生的自主学习能力和实践操作能力。通过撰写教学论文、参加学术会议和教育论坛，教师可以将自己的成功经验和创新案例介绍给更多的同事和同行。例如，教师可以在教研活动中分享自己在实施翻转课堂中的心得体会，展示学生的学习效果和反馈，帮助其他教师了解这种教学模式的优势和实施方法。教师不仅能够提升自己的专业水平，还能推动整个教学团队的共同进步。

通过与其他教师、学校管理层和教育专家的合作，教师可以获得更多的支持和资源。例如，教师可以组建教学研究团队，与同事一起进行教学研究和实践，探讨和解决教学中的问题和挑战。教师可以相互学习和借鉴，提升教学效果和创新能力。此外，教师还可以邀请校外专家开展讲座和指导，获取最新的教育理念和教学技术，进一步提升自己的专业素养。通过系统的教学评价，教师可以了解创新教学模式的实施效果和学生的学习情况，发现其中的优点和不足。例如，教师可以通过问卷调查、课堂观察和学生访谈等方式，收集学生对新教学模式的反馈和建议。根据这些反馈，教师可以不断调整和改进教学方法，确保教学创新的实际效果。同时，教师还可以将评价和反馈的结果与同事分享，共同探讨改进措施，推动教学创新的不断深入。

教师在推广创新教学模式时，应注重培养学生的创新思维和实践能力。通过设计和实施各种创新教学活动，教师可以激发学生的学习兴趣和主动性，培养他们的创新精神和实践能力。例如，教师可以组织学生进行项目学习，鼓励他们自主选题、查找资料、设计实验和撰写报告，培养他们的综合能力和团队合作精神。学生不仅能够在实践中掌握知识，还能提高解决问题的能力、增强创新意识，为未来的学习和发展打下坚实的基础。

第二节 大学英语课堂中教师教学理念与方法

一、大学英语课堂中教师教学理念

（一）终身学习的理念

大学英语教师应当深刻认识到，教育不仅仅是一个传授知识的过程，更是一种需要不断学习和成长的职业。终身学习的理念在教育界逐渐被广泛接受，而大学英语教师作为知识的传播者，更应该成为这一理念的践行者。他们需要不断地学习新的教学方法、技巧和理论，以提升自身的教学水平，确保能够为学生提供最新、最有效的教育体验。在当今快速发展的社会中，知识更新的速度令人惊叹。大学英语教师如果停滞不前，将无法满足学生日益增长的学习需求。因此，教师必须不断吸收新知识，掌握新技能。参加各类专业培训和研讨会是提升自我教学水平的重要途径。教师可以接触到教育界的最新研究成果和教学方法，借鉴同行的优秀经验，反思并改进自己的教学实践。

教育期刊和专业书籍是教师获取最新教育理论和实践经验的宝贵资源。通过定期阅读这些刊物，大学英语教师可以了解教育领域的前沿动态，学习到先进的教学理念和方法。例如，近年来教育技术的发展为英语教学带来了诸多便利，如线上教学平台、翻转课堂、微课等新兴教学模式，这些都可以通过阅读专业期刊来掌握和应用于实际教学中。除了参加外部的培训和阅读专业期刊，大学英语教师还应当积极参与校内外的教学研究活动。通过教学研究，教师不仅可以提升自身的研究能力，还可以将研究成果应用于教学实践中。同时，教学研究也是教师与同行交流的重要途径，通过与其他教师的交流合作，彼此分享经验，取长补短，共同进步。

大学英语教师在追求终身学习的过程中，还需要注重反思和总结。教学反思是教师成长的重要手段，通过反思，教师可以发现自己在教学中的不足之处，找到改进的方向。例如，可以通过教学日志的形式记录每天的教学活动，反思教学过程中遇到的问题和解决方法，从而不断改进教学策略。在终身学习理念的指导下，大学英语教师还应当具有一定的前瞻性和创新意识。教师不仅要学习现有的知识和技能，还要勇于探索未知领域，尝试新的教学方法。例如，在信息技术飞速发展的今天，教师可以探索利用人工智能和大数据技术来改进教学，如通过数据分析了解学生的学习情况，制定个性化的教学方案，提高教学效率和效果。

为了实现终身学习，大学英语教师需要具备良好的时间管理能力和自我激励能力。教师的工作繁忙，如何在繁忙的教学工作中挤出时间来进行学习和提升，是每位教师面临的挑战。有效的时间管理可以帮助教师合理安排工作和学习的时间，确保教学质量和自身成长两不误。同时，教师还需要具备自我激励能力，保持对学习的热情和动力，克服学习过程中的困难和挫折。此外，大学英语教师在终身学习的过程中，还需要建立良好的学习支持系统。学校和教育机构应当为教师提供必要的学习资源和支持，如组织定期的培训活动，提供丰富的图书资源和在线学习平台，鼓励和支持教师参加外部的学术交流和进修活动。通过良好的学习支持系统，教师可以更加顺利地开展终身学习，实现自我提升和发展。

（二）以学生为中心的理念

现代教育理念中，以学生为中心的教学方式逐渐成为主流。教师应将学生置于教学的中心位置，关注他们的需求、兴趣和学习方式，以提供个性化、差异化的教学。在传统的教学模式中，教师往往是知识的传授者，而学生则是被动接受者。这种模式虽然在一定程度上能够传递知识，但忽视了学生的个体差异和学习需求。相反，以学生为中心的教学理念强调学生的主体地位，尊重学生的个性发展，注重培养学生的自主学习能力和创新精神。教师在教学过程中,应更多地关注学生的需求和兴趣,根据学生的特点制定教学计划,采用灵活多样的教学方法,以提高学生的学习效果。

在以学生为中心的教学理念下,个性化教学成为关键。每个学生都有其独特的兴趣、能力和学习方式,教师应根据学生的个体差异,提供个性化的教学方案。例如,可以提供更具挑战性的学习任务,而对于学习有困难的学生,则应给予更多的关注和帮助,采用更加具体的教学方法,帮助他们克服学习障碍。同时,教师还应鼓励学生自主选择学习内容和方式,培养他们的自主学习能力。差异化教学也是以学生为中心的教学理念的重要组成部分。通过差异化教学,教师可以根据学生的不同需求和学习风格,采用不同的教学策略和教学方法。例如,针对视觉型学习者,可以采用图表、图片和视频等视觉教学材料,而针对听觉型学习者,则可以更多地采用讲解和讨论的方式。差异化教学不仅能够满足学生的个体需求,还能激发他们的学习兴趣。

启发式教学法、小组讨论和案例分析等互动教学方法,能够有效地激发学生的学习兴趣和参与度。在启发式教学法中,教师通过提出问题,引导学生思考和讨论,鼓励他们自主探究和发现知识小组讨论是另一种有效的互动教学方法。学生可以相互交流和分享观点。这种方式不仅能够提高学生的合作能力和沟通技巧,还能增强他们的参与感和责任感。教师应发挥引导作用,鼓励学生积极参与,给予他们充分的表达机会,同时注重引导讨论的深度和广度,确保讨论的质量和效果。

通过分析实际案例,学生能够将所学知识应用于实际问题中。例如,教师可以选择一些与学生生活和未来职业相关的案例,让学生通过分析案例,练习英语表达和写作能力。通过案例分析,学生不仅能够学到知识,还能培养他们的实践能力和创新思维。

(三) 实践与应用导向的理念

教育的目标不仅仅是传授知识,更重要的是培养学生将所学知识应用于实际生活和职业需求中的能力。教师应当将语言教学与实际生活和职业需求紧密结合,通过各种实践和应用导向的教学方法,帮助学生在真实情境中运用所学知识,培养他们的语言应用能力和解决问题的能力。语言教学如果脱离了实际应用,只停留在理论层面,学生很难真正掌握并灵活运用所学的知识。因此,教师在设计教学内容时,应尽量将教学内容与实际生活和职业需求相结合。通过模拟真实场景、设计实际项目、安排实习机会等方式，让学生在实践中学习和应用语言。这不仅能够提高学生的语言应用能力，还能增强他们的学习兴趣和动机。

教师可以在课堂上模拟各种真实生活或职业场景，如面试、会议、购物、旅行等，让学生在模拟的情境中练习语言技能。学生能够在逼真的情境中运用所学知识，提高他们的口语表达能力和应对实际问题的能力。此外，模拟场景还可以帮助学生克服语言使用中的心理障碍，增强他们在实际情境中使用语言的信心。教师可以设计一些实际项目，让学生通过完成项目来学习和应用语言。例如，在英语写作课程中，教师可以让学生撰写一篇关于某一实际问题的研究报告，或者设计一份商业计划书。学生不仅能够学到语言知识，还能培养他们的综合素质和实际操作能力。项目实践还可以提高学生的团队合作能力和问题解决能力，因为许多项目需要学生共同协作完成。

通过实习，学生能够在真实的工作环境中应用所学知识，积累实际工作经验，提升职业能力。教师可以与企业合作，安排学生到相关单位进行实习，让他们在实际工作中练习和应用语言技能。例如，英语专业的学生可以到外贸公司、翻译机构或国际交流部门实习，通过真实的工作任务提高他们的语言应用能力和职业素养。实习不仅能够帮助学生更好地理解和掌握所学知识，还能为他们的职业发展打下良好的基础。除了模拟场景、项目实践和实习，教师还可以通过其他多样化的教学活动来实现实践与应用导向的教学目标。例如，教师可以组织学生进行课外调研、参与社会实践活动、参加学术交流等。这些活动不仅能够丰富学生的学习经历，还能拓宽他们的视野，提高他们的实际应用能力和综合素质。通过多样化的实践活动，学生能够在不同的情境中运用语言，提高他们的语言能力和综合素质。

在实践与应用导向的教学过程中，教师还应注重培养学生的自主学习能力和创新精神。通过引导学生自主设计和完成实践项目，教师可以帮助学生培养自主学习的习惯和能力。同时，教师还应鼓励学生在实践中大胆尝试和创新，探索新的学习方法和应用途径。例如，教师可以鼓励学生在完成项目过程中，提出新的解决方案，或者在模拟场景中，创造性地应对各种突发情况。为了更好地实现实践与应用导向的教学目标，教师还应注重与实际生活和职业需求的紧密联系。教师可以通过与企业、社会组织和其他教育机构的合作，了解实际生活和职业需求的发展趋势，及时调整和更新教学内容和方法。例如,教师可以邀请行业专家到课堂上讲授实际工作中的语言应用,或者组织学生参观企业,了解实际工作环境和要求。教师可以帮助学生更好地理解和适应实际生活和职业需求,提高他们的语言应用能力和职业素养。

二、大学英语课堂中教师的教学方法

(一)情境教学法

情境教学法在大学英语教学中是一种行之有效的教学方法,通过将语言学习融入实际情境中,帮助学生更自然地理解和运用英语。它以真实的语言情境为基础,旨在让学生在模拟或实际的情境中感知和掌握语言的使用方式,从而提高语言应用能力。与传统的单向知识传授不同,情境教学法注重互动性和实践性,通过丰富的语言环境刺激学生的语言学习动机。这一教学方法的核心在于通过创设贴近现实的情境,使学生在情境中习得语言。例如,在学习日常交流时,教师可以将课堂设计为超市购物、机场问询或餐厅点餐的情景,让学生扮演顾客、店员或其他角色进行对话练习。通过这种方式,学生不仅可以熟悉语言表达的具体场景,还能加深对相关文化背景的理解。情境教学法不仅关注语言知识的输入,还强调语言的输出过程,从而使学生的听、说、读、写能力得到综合提升。大学英语课堂中,传统的教学方法容易让学生感到枯燥乏味,而通过情境设计,课堂变得生动有趣。教师可以利用多媒体、实物道具或情境模拟软件,创造沉浸式的学习体验。例如,使用虚拟现实技术可以让学生"走进"异国他乡,体验不同的语言环境和文化情境。这种互动性强的教学方式能够激发学生的好奇心和探索欲望,让他们更加主动地参与课堂活动,摆脱单纯依赖教材学习的局限。

不同于以教师为中心的传统教学模式,情境教学法强调学生的主体地位。它通过情境设计引导学生主动思考、积极表达并与同伴合作完成任务。例如,在小组讨论中,学生需要通过角色扮演或场景模拟协同完成一项任务,如规划一场旅行或组织一次会议。这种教学模式不仅培养了学生的语言能力,还提升了他们的团队协作和问题解决能力,使其在未来的学习和工作中受益匪浅。教师可以根据教学目标和学生需求设计不同的情境活动,例如专题讨论、案例分析或情境问答等。这种因材施教的方式能够满足不同层次学生的学习需求,使教学更加个性化和针对性。对于语言能力较弱的学生，教师可以设计简单的日常对话情境；而对于语言基础较好的学生，可以引入更复杂的专业情境，如商务谈判或学术研讨。

（二）沉浸式教学法

在现代教育理论和实践中，沉浸式教学法越来越受到重视。通过创造真实的语言环境，让学生在语言中沉浸，可以有效促进他们的语言习得。沉浸式教学法旨在通过模拟现实生活中的语言使用场景，使学生自然地习得语言。这一方法强调学生的主动参与，教师则扮演引导者的角色，提供必要的支持和反馈。例如，在英语课堂中，教师可以通过角色扮演、模拟对话等活动，使学生在真实情境中练习和使用语言。这种方法不仅提高了学生的语言运用能力，还增强了他们的学习兴趣和动力。通过全英语的课堂讨论，学生可以在实践中不断提高听说读写的综合能力。在这种环境下，学生被鼓励用英语思考和表达，从而更加深入地理解和掌握语言。这种全方位的语言暴露能够有效提升学生的语言流利度和准确性。此外，全英语环境还可以帮助学生克服心理障碍，增强他们的自信心和语言应用能力。

除了课堂上的语言活动，教师还可以组织实地考察、文化体验等活动，让学生在真实的语言环境中进行学习。例如，通过参观英语博物馆、参加英语讲座等活动，学生可以接触到更多元的语言素材，开阔他们的视野。这种实践性强的学习方式不仅能够巩固课堂上所学的知识，还可以培养学生的跨文化交际能力。在实施沉浸式教学法时，教师需要精心设计教学内容和活动。教师可以结合学生的兴趣和需求，选择贴近生活的主题和材料，增强学习的实际效果。例如，讨论时事新闻、模拟商务谈判等活动，可以让学生在有趣且有意义的情境中使用语言，从而更好地掌握语言技能。同时，教师还应注重个性化教学，根据学生的不同学习水平和学习风格，提供差异化的指导和帮助，以确保每名学生都能在沉浸式教学中获得进步。

现代教育技术的发展为沉浸式教学提供了更多的可能性。例如，虚拟现实（VR）技术可以模拟真实的语言环境，使学生身临其境地进行语言学习。通过VR技术，学生可以参与虚拟的语言交流、文化探访等活动，从而更深刻地体验和理解语言。这种沉浸式的学习体验不仅生动有趣，还可以有效提高学生的语言应用能力。在应用沉浸式教学法的过程中，教师还需要关注学生的反馈和学习效果。通过定期的评估和反馈，教师可以了解学生的学习进展和存在的问题。例如，可以通过小组讨论、语言测试等方式，评估学生的语言掌握情况，调整教学内容和方法，以确保教学效果的最大化。

（三）技术辅助教学法

借助多媒体技术和在线资源，教师可以大大丰富课堂教学内容，从而提高学生的学习兴趣。教师可以将枯燥的理论知识以生动直观的方式呈现出来。例如，使用动画、视频、互动课件等多媒体手段，能够将抽象的概念具体化。这种方式不仅能够激发学生的学习兴趣，还可以提高他们的课堂参与度和注意力，从而提高教学效果。此外，技术辅助教学法强调引导学生合理利用互联网资源。通过网络课程、在线交流平台等途径，学生可以选择适合自己的学习资源和方式。这种个性化的学习方式，能够满足学生不同的学习需求，提升他们的自主学习能力。例如，通过在线课程平台，学生可以选择自己感兴趣的课程，自主安排学习时间和进度，从而提高学习效率和效果。

通过互动白板、在线测评工具等技术手段，教师可以实时了解学生的学习情况。这种互动性强的教学方式，不仅能够增强师生之间的交流和互动，还可以帮助教师更好地掌握学生的学习动态，从而有针对性地进行辅导和帮助。此外，在线交流平台还可以为学生提供更多的交流和合作机会，促进他们的合作学习和团队合作能力。技术辅助教学法还可以打破时间和空间的限制，为学生提供更多的学习机会。例如，学生可以在课余时间通过手机、平板电脑等设备，访问在线学习资源，进行知识的巩固和拓展。这种灵活多变的学习方式，能够更好地适应现代学生的学习需求。

在应用技术辅助教学法的过程中，教师还应注重培养学生的信息素养和数字化学习能力。通过指导学生合理利用互联网资源，教师可以帮助学生掌握信息检索、分析和应用的基本技能。例如，教师可以通过专题讲座、实践活动等形式，教授学生如何有效地搜索和评估网络信息，如何利用在线工具进行学习和交流。这种信息素养和数字化学习能力的培养，不仅有助于学生在学业上的成功，还可以为他们未来的职业发展打下坚实的基础。此外，技术辅助教学法还可以促进学生的个性化发展。通过个性化学习平台，教师可以根据学生的不同兴趣和需求，提供差异化的教学内容和资源。例如，学生可以根据自己的兴趣，选择不同的学习项目和活动，进行个性化学习和探索。

在技术辅助教学法的实施过程中，教师还应注重与传统教学方法的结合，发挥两者的优势。通过合理地整合多媒体技术和传统教学方法，教师可以实现教学效果的最大化。例如，教师可以结合多媒体课件进行讲解和示范，同时通过互动讨论、实践活动等传统教学手段，增强学生的理解和掌握。这种多元化的教学方式，能够更好地满足学生的不同学习需求。

第三节　大学英语课堂中教师教学能力的培养

一、语言能力的培养

大学英语教师需要具备扎实的语言基础，才能有效地进行教学。为了提高语言能力，教师应该在听、说、读、写等方面进行全方位的提升。参加英语培训课程是一种有效的方法，通过系统学习和专业的指导，教师可以全面提高自己的语言水平。此外，阅读英文书籍也是一种不可或缺的手段。通过广泛阅读，教师不仅可以扩大词汇量，增强语言理解能力，还能提高写作水平。参与英语交流活动，如英语角、讨论会和语言俱乐部等，可以提供实际的语言应用机会，增强教师的口语表达能力和听力理解能力。教师应定期进行语言能力测试和自我评估。通过测试，教师可以了解自己的语言水平，发现不足之处，并有针对性地进行改进。自我评估则可以帮助教师反思自己的语言使用习惯，及时调整和优化语言学习策略。例如，教师可以制定学习计划，设定短期目标和长期目标，通过逐步实现这些目标来不断提升语言能力。

除了上述方法，利用现代科技手段也是提高语言能力的重要途径。通过观看英文电影、听英文广播、参加在线英语课程等方式，教师可以随时随地进行语言学习。这些多样化的学习资源，不仅可以增加语言输入，还能帮助教师了解英语国家的文化背景和语言使用习惯，从而提高跨文化交际能力。语言实践也是提高语言能力的关键。教师可以通过参加国际学术会议、交流项目等方式，获得更多的语言实践机会。在实际的语言环境中使用英语，可以帮助教师更加自然和流利地表达。此外，教师还可以尝试在日常教学中全英文授课，通过不断实践和反思，逐步提高自己的教学语言能力。

教师可以利用学生的反馈来提高语言能力。学生在课堂上的反应和反馈，可以帮助教师了解自己在语言表达和沟通方面的优劣势。教师可以通过与学生的互动，不断改进和优化自己的语言教学方法。① 例如，教师可以鼓励学生提出问题，进行课堂讨论，通过这些互动环节，教师不仅可以提高自己的语言表达能力，还能增强教学效果。另外，教师应注重积累教学经验，提升语言教学能力。教师可以记录教学过程中的得失，分析学生的学习效果，总结有效的教学策略。通过这些积累和总结，教师可以不断改进自己的教学方法，提高教学质量和效率。

为了保持语言能力的持续提升，教师应养成良好的学习习惯。每天坚持一定时间的语言学习，保持对语言的敏感度和使用习惯。制定合理的学习计划，设定具体的学习目标，并通过不断努力实现这些目标。保持对语言学习的热情和兴趣，不断探索和尝试新的学习方法和资源，也是提高语言能力的重要因素。

二、教学法知识的培养

教师应不断学习和更新教学法知识，了解国内外最新的英语教学理论和实践，如任务型教学法、交际教学法、翻转课堂等。通过参加教学研讨会、培训班和学术会议，教师可以接触到最新的教学理念，并将其应用到实际教学中。此外，教师应进行教学反思，总结经验教训，以持续改进教学效果。现代教育环境下，教师需要不断学习和掌握最新的教学方法，以应对不断变化的教学需求。任务型教学法强调学生通过完成具体任务来学习语言，这种方法能够提高学生的实际语言运用能力。交际教学法注重语言的交际功能，通过模拟真实的交流情境，使学生在实际交际中学习语言。翻转课堂则将传统的课堂教学模式进行颠覆，通过学生自主学习和课堂互动。教师应熟悉这些先进的教学方法，并根据实际教学情况灵活应用，以提高教学质量。

教师应积极参加各种教学研讨会、培训班和学术会议，通过与同行的交流和学习，不断更新自己的教学理念和方法。教学研讨会和培训班提供了一个与其他教师交流和分享经验的平台，教师可以从中学到很多实用的教学技巧和策略。学术会议则是了解最新教学研究成果的重要途径，教师可以通过参加这些会议，了解当前教育领域的研究热点和发展趋势，从而不断完善自己的教学理论知识。教学反思是教师专业发展的重要途径，教师可以通过记录教学过程中的得失，找到教学中的问题和不足，并及时

---

① 何宁宁. 高校英语教学中培养学生思辨能力的实践研究 [J]. 校园英语，2023（32）：76-78.

进行调整。例如，教师可以通过课堂观察、学生反馈、教学评估等方式，了解教学效果，并根据实际情况进行改进。通过这种持续的反思和改进，教师可以不断提高自己的教学能力，提供更高质量的教学服务。

教师还应注重教学理论与实践的结合，通过将先进的教学理论应用到实际教学中，不断验证和改进教学方法。例如，教师可以在课堂上尝试不同的教学策略，观察学生的反应和学习效果，通过不断调整和优化，找到最适合学生的教学方法。实践中遇到的问题和挑战，也是教师不断学习和提高的动力，通过解决这些问题，教师可以积累丰富的教学经验。另外，教师应保持对教学研究的兴趣和热情，通过开展教学研究，不断探索和创新教学方法。教学研究是提高教学能力的重要途径，教师可以通过进行教学实验、撰写教学论文、参与教学研究项目等，深入研究教学中的问题和现象，寻找解决方案。例如，教师可以通过设计和实施教学实验，验证某种教学方法的有效性，并将研究成果应用到实际教学中，从而不断提高教学效果。

教师还应注重学生的个体差异，根据学生的不同需求和特点，提供个性化的教学服务。例如，教师可以通过差异化教学，针对不同水平的学生设计不同的教学活动和任务，帮助每个学生都能在原有基础上取得进步。同时，教师还应注重培养学生的自主学习能力，通过引导学生进行自主学习。

三、信息技术应用能力的培养

信息技术在现代教育中的应用日益广泛，大学英语教师应具备熟练使用信息技术的能力。掌握多媒体课件制作技能是信息技术应用的基本要求。教师可以利用PPT、Prezi等软件，制作生动形象的课件，将复杂的语言知识以直观的方式呈现出来。多媒体课件不仅可以提高课堂的生动性，还能帮助学生更好地理解和记忆知识点。此外，教师还可以在课件中插入音频、视频等多媒体素材，增强教学效果。通过使用如Moodle、Blackboard等在线教学平台，教师可以进行课程管理、作业布置、在线测试等教学活动。在线教学平台不仅提供了丰富的教学资源，还为师生之间的互动提供了便利。教师可以通过平台发布学习资料、布置作业，并进行在线答疑和讨论，帮助学生更好地进行自主学习。此外，在线教学平台还提供了多种评估工具，教师可以通过在线测试、问卷调查等方式，了解学生的学习情况，并根据反馈及时调整教学策略。

通过掌握如教务管理系统、学生信息管理系统等，教师可以进行课程安排、学生成绩管理、教学质量评估等工作。教学管理系统不仅提高了教师的工作效率，还为学校的教学管理提供了科学的数据支持。教师应熟练操作这些系统，及时更新和维护学生信息，确保教学管理工作的顺利进行。除了以上基本技能，教师还应学习使用常见的教育软件和工具，以提升教学的互动性和吸引力。例如，在线测评工具如Kahoot、Quizlet等，可以帮助教师进行课堂测验和练习。互动白板如SMART Board、Promethean等，可以实现课堂内容的实时互动，增强学生的参与感。虚拟现实技术则提供了全新的教学体验，通过模拟真实的语言环境，让学生在沉浸式的体验中学习语言。这些技术手段的应用，不仅丰富了课堂教学内容，还提高了教学效果和学生的学习兴趣。

信息技术的应用不仅限于课堂教学，教师还应利用技术手段进行教学反思和研究。通过使用数据分析工具，教师可以对学生的学习数据进行分析，找出教学中的问题和不足，并进行针对性改进。例如，教师可以通过分析在线测试的数据，了解学生在某一知识点上的掌握情况，并根据分析结果调整教学内容和方法。为了保持信息技术应用能力的持续提升，教师应养成不断学习和更新技术的习惯。信息技术的发展日新月异，教师需要及时了解和掌握最新的技术动态和应用方法。参加技术培训、研讨会和交流活动，是教师获取最新技术知识的重要途径。通过这些学习和交流，教师可以不断更新自己的技术技能。此外，教师还应积极参与技术应用的实践，通过实际操作和应用，积累经验，提升信息技术的应用能力。

在培养信息技术应用能力的过程中，教师还应注重信息技术与教学的有机结合。信息技术的应用应以提高教学效果为目的，教师应根据教学内容和学生需求，选择适合的技术手段，合理进行技术应用。例如，在进行听力教学时，教师可以利用多媒体播放原汁原味的英语音频材料，帮助学生进行听力训练；在进行口语教学时，教师可以利用在线交流平台，组织学生进行口语练习和讨论，增强语言实际运用能力。通过这种有机结合，信息技术的应用才能真正发挥其作用。

四、跨文化交际能力的培养

教师应深入了解不同文化背景下的语言使用习惯和交际规则，具备跨文化沟通的能力。通过参与国际交流项目、访问学者计划或海外学习，教师可以积累丰富的跨文化交际经验，提高自身的跨文化交际能力。在这些实践活动中，教师能够直接接触到不同文化背景下的人群，了解他们的语言习惯和交际方式，从而在教学中更好地指导学生。通过与外国同行的交流与合作，教师可以了解到不同国家的教学方法和教育理念，拓宽了教育视野。此外，这些项目还可以帮助教师建立国际化的教学网络，增加学术资源和教学经验的共享。教师通过参与这些项目，不仅能提升自己的专业素质，还能为学生提供更多的跨文化交流机会，促进他们的语言学习和文化理解。

教师在国外学习和工作期间，可以深度融入当地的文化环境，体验和学习不同的文化习俗和语言表达方式。通过这种沉浸式的学习，教师能够更加自然地掌握跨文化交际的技巧和方法，提升自己的语言应用能力和文化理解能力。教师应注重融入跨文化交际内容，通过案例分析和文化讨论，增强学生的跨文化交际意识和能力。例如，教师可以通过分析不同文化背景下的语言使用案例，让学生了解文化差异对语言表达的影响。学生不仅能够提高语言技能，还能增强对不同文化的理解和尊重。此外，教师还可以组织学生进行跨文化交际模拟活动，让他们在模拟的跨文化情境中进行实践，提升实际交际能力。

教师可以选择具有代表性的文化话题，如节日习俗、饮食文化、礼仪规范等，组织学生进行讨论和交流。学生可以在互动中了解和体验不同文化的多样性，增强跨文化交际的信心和能力。同时，文化讨论还可以培养学生的批判性思维和开放性思维，让他们学会以包容和理解的态度看待和接受不同的文化。通过讲授和示范，教师可以向学生介绍一些常见的跨文化交际策略，如避免文化冲突、有效沟通技巧、适应文化差异等。这些策略可以帮助学生在实际的跨文化交际中更好地处理和应对各种情况，提升交际效果。教师还可以通过角色扮演和情景模拟等教学活动，让学生在实践中应用和体验这些策略，增强他们的实际操作能力。

为了更好地培养跨文化交际能力，教师还应注重自身的持续学习和专业发展。通过阅读相关书籍和文献，参加专业培训和学术会议，教师可以不断更新自己的跨文化交际知识。同时，教师还可以与其他跨文化交际领域的专家和学者进行交流和合作，共同探讨和研究跨文化交际的理论和实践问题，从而进一步提升自己的专业能力和教学效果。

五、教学研究能力的培养

大学英语教师应积极参与教学研究，通过进行教学实验、撰写教学论文和参与教学研究项目，不断提升自己的教学研究能力。通过教学实验，教师可以探索和验证新的教学方法和策略，发现和解决教学中的实际问题。教学实验不仅可以帮助教师改进和优化教学方法，还可以提高学生的学习效果和学习兴趣。通过对教学实践的总结和反思，教师可以将自己的教学经验和研究成果以论文的形式记录下来，并分享给同行。撰写教学论文不仅可以提高教师的写作能力和学术水平，还可以促进教学研究的深入发展。教师在撰写论文时，应注重选题的实际意义和研究方法的科学性，通过系统研究和分析，得出有价值的结论和建议。

通过参与校内外的教学研究项目，教师可以与其他研究人员共同探讨和解决教学中的热点和难点问题。教学研究项目不仅提供了丰富的研究资源和平台，还为教师提供了宝贵的交流和合作机会。在项目过程中，教师可以学习和借鉴他人的研究方法和经验，提升自己的研究能力和水平。通过参加教学研讨会、学术会议和专业培训，教师可以了解最新的教学研究动态和成果，拓宽自己的学术视野。教师可以与同行交流和分享自己的教学经验和研究成果，共同探讨和解决教学中的问题。通过与同行的合作，教师可以形成教学研究的团队，共同开展研究项目，提升教学研究的整体水平。例如，教师可以通过记录教学日志、进行课堂观察和学生反馈等方式，了解和分析教学中的问题和不足，找出改进的方法和策略。通过不断反思和改进，教师可以不断提升自己的教学研究能力。为了更好地提升教学研究能力，教师应养成终身学习的习惯，不断更新和丰富自己的专业知识和技能。参加专业培训和学术交流，教师可以了解和掌握最新的教学研究理论和方法，提高自己的学术水平和研究能力。同时，教师还应注重实践与理论的结合，通过将研究成果应用到实际教学中，检验和完善自己的研究方法和结论。

在提升教学研究能力的过程中，教师还应注重跨学科的学习和研究。通过学习和借鉴其他学科的研究方法和成果，教师可以拓宽自己的研究视野，提升研究的深度和广度。例如，教师可以学习教育心理学、教育技术学等学科的理论和方法，将其应用到英语教学研究中，提升研究的科学性和实用性。跨学科的学习和研究不仅可以丰富教师的知识结构，还可以促进教学研究的创新和发展。

六、职业道德和责任感的培养

大学英语教师不仅是知识的传授者，更是学生的榜样和引导者。教师应具备良好的职业道德和责任感，以身作则，树立良好的师德风范。职业道德的培养是教师专业发展的重要方面，通过树立正确的职业观念，教师可以更好地履行自己的职责和义务，成为学生的榜样和引导者。教师可以学习和理解教育的基本理念和伦理规范，增加对职业道德的认识和理解。师德培训还可以帮助教师树立正确的职业观和价值观，提高职业道德水平。此外，教师还可以通过参加各种师德活动，如师德演讲比赛、师德标兵评选等，提升自身的职业道德修养，树立良好的师德形象。

通过系统学习教育法律法规，教师可以了解和掌握教育工作的基本要求和规范，明确自己的权利和义务，增强依法执教的意识。教育法律法规不仅规定了教师的职业行为标准，还为教师提供了行为指南和工作依据。通过学习法律法规，教师可以增强法治观念和法治思维，在教育教学中自觉遵守法律法规，维护教育公平和正义。教师应严格遵守职业道德规范，以身作则。职业道德规范包括教师的职业操守、职业责任、职业态度等方面的要求。教师应以学生为本，尊重学生的权利和尊严，关心学生的成长和发展。通过以身作则，教师可以树立榜样，引导学生养成良好的行为习惯和道德品质。

教师不仅要教授知识，还应关注学生的全面发展，帮助学生解决学习和生活中的问题。教师应关心学生的心理健康，及时发现和解决学生在成长过程中遇到的困惑和问题。通过与学生的沟通和交流，教师可以了解学生的需求和想法，提供针对性帮助和指导，营造和谐的师生关系。此外，教师还应关注学生的学习情况，及时给予学术上的指导和支持，帮助学生提高学习成绩和综合素质。教师应以平等、尊重、关爱的态度对待学生。通过与学生的互动和交流，教师可以了解学生的思想和情感，增强师生之间的理解和信任。和谐的师生关系不仅有助于学生的成长和发展，还可以提高教学效果。

通过定期进行职业道德反思，教师可以发现和改进自己的不足，不断提高职业道德水平。自我反思是教师职业发展的重要途径，通过反思，教师可以总结经验教训，找出改进的方向和措施。此外，教师还可以通过参加专业培训和继续教育，提升自己的专业素质和职业能力，更好地履行职业责任。学校应加强师德建设，通过组织各种师德活动和培训，提升教师的职业道德水平。社会应尊重和支持教师，营造良好的社会氛围，为教师职业道德的培养提供保障。通过共同努力，教师可以树立良好的职业道德形象，履行好教书育人的神圣职责。

七、终身学习意识的培养

终身学习意识是教师持续发展的动力。大学英语教师应保持对知识的渴求和对教育事业的热爱，通过不断学习和进修，及时更新自己的知识结构，适应不断变化的教育环境。为了培养终身学习意识，教师首先需要树立正确的学习观念，认识到学习是一项长期的、持续的过程。教师不仅要在专业领域内不断进步，还应关注教育学、心理学等相关学科的知识。通过自学，教师可以根据自己的需求和兴趣选择学习内容和方式，自主安排学习时间。阅读专业书籍和期刊、观看教学视频、参与在线课程等，都是教师自学的有效途径。自学不仅能够丰富教师的专业知识，还可以提升自主学习能力和研究能力。教师应养成每天定期学习的习惯，逐步积累知识，不断充实自己。

参加培训是提升教师专业能力的重要途径。通过参加各类专业培训班和研讨会，教师可以学习到最新的教育理论和教学方法，了解国内外教学的最新动态和发展趋势。培训班和研讨会不仅提供了系统的学习机会，还为教师提供了交流和合作的平台。通过与同行的交流，教师可以分享教学经验，探讨教学问题，共同提高教学水平。学术交流是教师拓宽学术视野、提升学术水平的重要手段。参加学术会议、发表学术论文、参与学术研究项目等，都是教师进行学术交流的方式。通过学术交流，教师可以了解最新的学术研究成果，掌握最前沿的学术研究动态，提升自己的学术素养。同时，学术交流还可以增强教师的学术影响力，为其职业发展创造更多机会。教师应积极参与学术交流活动，不断提升自己的学术水平和研究能力。

关注教育领域的最新动态和发展趋势，及时调整和优化教学方法，是教师适应现代教育需求的重要措施。教育领域的发展日新月异，新的教学理论和技术不断涌现，教师需要不断更新自己的知识和技能，以满足教育改革和发展的要求。通过学习教育领域的最新研究成果，教师可以了解最新的教育理念和方法，及时调整和优化自己的教学策略。为了保持终身学习的动力，教师还应制订个人学习计划，设定明确的学习目标和发展方向。通过制订学习计划，教师可以有针对性地进行学习和进修，逐步实现自己的学习目标。学习计划应根据教师的实际情况和需求，合理安排学习内容和时间，确保学习的系统性和持续性。通过不断实现学习目标，教师可以不断积累学习成果，提升自己的专业水平和职业素养。

终身学习不仅是教师个人发展的需要，也是教育事业发展的要求。教师应认识到，只有不断学习，才能适应不断变化的教育环境，满足学生的学习需求。通过终身学习，教师可以不断提高自己的教学水平，促进教育质量的提升。终身学习也是教师职业发展的重要保障，通过不断学习，教师可以不断提升自己的职业竞争力，实现职业生涯的持续发展。终身学习意识的培养还需要学校和社会的支持。学校应为教师提供学习和进修的机会，鼓励和支持教师参加各种培训和学术交流活动。社会应为教师的终身学习创造良好的环境，提供丰富的学习资源和平台。通过学校和社会的共同努力，教师可以更好地进行终身学习，实现个人和教育事业的共同发展。

第四节　大学英语教师的专业发展

一、大学英语教师专业发展的重要性

（一）教学质量的提升

专业发展的核心目标在于提升教师的教学质量，从而使学生能够更好地掌握英语语言技能。提高教学质量对于英语教师来说，首先需要具备扎实的语言基础和广泛的文化知识。这不仅要求教师具备高水平的英语听说读写能力，还要对英语国家的历史、文化、社会等方面有深入了解。只有这样，教师在教学中才能提供丰富的语言环境和文化背景，提高他们的语言综合运用能力。传统的以教师为中心的灌输式教学模式已经难以满足现代学生的需求。教师需要不断探索和尝试新的教学方法，如任务型教学法、交际法、情境教学法等，以增强课堂互动性和学生参与度。通过引入小组讨论、角色扮演、案例分析等活动，教师可以帮助学生在实际情境中运用语言，提高他们的

口语表达能力和实际应用能力。此外，翻转课堂和混合学习等新型教学模式的应用，也有助于促进学生自主学习，增强他们的学习积极性和效果。

现代教育技术的迅猛发展，为英语教学提供了丰富的资源和工具。教师可以利用多媒体课件、在线教学平台、虚拟课堂等技术手段，创造生动有趣的教学环境。同时，信息技术还可以帮助教师进行个性化教学，通过数据分析了解每名学生的学习进度和薄弱环节，有针对性地提供辅导和支持。这样，教师不仅能够提高教学效率，还能更好地满足学生的个性化学习需求。教师应积极参与教育科研，探索和解决教学实践中的问题，总结教学经验，分享教学成果。通过撰写教学论文、参加学术会议、进行课题研究等方式，教师可以不断提升自己的专业素养和科研能力。同时，教育科研还可以帮助教师了解教学前沿动态，掌握最新的教学理论和方法，为教学实践提供科学依据和指导。在此过程中，教师不仅能够提高自身的专业水平，还能为整个教学团队的发展作出贡献。

通过定期的教学评估，教师可以了解自己在教学中的优势和不足，从而有针对性地进行改进。评估可以包括学生的反馈、同事的观摩评价、校内外专家的评审等多种形式。通过这些评估，教师可以获得全面而客观反馈，明确自己的改进方向。同时，教学评估还可以激发教师的进取心和责任感，促使他们不断追求教学的卓越。学校应为教师提供丰富的培训机会和资源，鼓励和支持他们参加各种形式的专业发展活动。通过组织校内外的培训、讲座、工作坊等，学校可以帮助教师不断更新知识。同时，学校还应建立良好的激励机制，如教学奖励、职称评定、晋升机会等，激发教师的工作热情和积极性。通过这些措施，学校可以营造良好的教学氛围，促进教师的专业发展，从而整体提升教学质量。

教师应积极参与各种形式的教学交流活动，如教学研讨会、教师交流会、教学观摩等。教师可以学习借鉴其他教师的优秀教学经验和方法，拓宽自己的教学视野。同时，合作交流还可以帮助教师建立广泛的专业网络，获取更多的教学资源和支持。教师不仅能够提高自身的教学水平，还能为整个教育界的发展作出贡献。

（二）教育改革的需求

随着教育改革的不断推进，大学英语教师面临着不断更新教学理念和方法的迫切需求，以适应新的教学要求和学生需求。教育改革的核心在于培养具有创新能力和国际视野的高素质人才，这对大学英语教学提出了更高的要求。传统的应试教育模式已经无法满足现代教育的需求，教师需要转变观念，采用以学生为中心的教学理念，注重培养学生的综合素质和实践能力。在教育改革背景下，大学英语教师需要重视培养学生的批判性思维和创新能力。这要求教师在教学中注重引导学生进行独立思考，鼓励他们提出问题、分析问题和解决问题。通过探究式学习、项目式学习等教学方法，教师可以帮助学生在实践中运用所学知识，提高他们的创新能力和解决实际问题的能力。同时，教师还应注重培养学生的跨文化交际能力，帮助他们了解和尊重不同文化背景的人，增强他们的国际视野和全球意识。

教师不仅要具备扎实的语言基础和广泛的文化知识，还要掌握现代教育技术和教学方法。信息技术的迅猛发展为英语教学带来了新的机遇和挑战，教师需要善于利用各种教育技术工具，如多媒体课件、在线教学平台、虚拟课堂等。同时，教师还应不断学习和掌握新的教学理论和方法，以提高教学效果和学生的学习效果。在教育改革过程中，教师的角色也在发生变化。教师需要注重培养学生的自主学习能力，帮助他们掌握有效的学习方法和策略。通过翻转课堂、混合学习等新型教学模式，教师可以将课堂的主动权交给学生，鼓励他们积极参与课堂讨论和学习活动，培养他们的自主学习能力和团队合作精神。同时，教师还应注重与学生的沟通和互动，了解他们的学习需求和困难，帮助他们实现学习目标。

教育改革对大学英语教师的专业发展提出了新的要求，也提供了新的机遇。教师应积极参与各种形式的专业发展活动，如校内外的培训、讲座、工作坊等，提升自己的专业能力和教学水平。教师可以掌握最新的教学理论和方法，提高自己的教学效果和学生的学习效果。同时，教师还应积极参与教学交流和合作，与同行分享教学经验和资源。

学校在推进教育改革过程中，应为教师的专业发展提供系统的支持和保障。学校可以组织丰富的培训机会和资源，鼓励和支持教师参加各种形式的专业发展活动。在教育改革的背景下，大学英语教师需要不断更新教学理念和方法，大学英语教师可以在教育改革中发挥更大的作用，促进学生的全面发展和成长。教育改革不仅是对教师的挑战，也是教师自我提升的机遇。教师可以提高自己的专业水平和教学效果，从而更好地为学生的学习和成长服务，实现教育的最终目标。

（三）个人职业成长

专业发展为教师提供了不断学习和提升的机会，有助于他们在职业生涯中取得更大的成就。通过参加各种专业培训和学习活动，教师可以不断更新自己的知识体系，掌握最新的教育理论和教学方法。这不仅能够提高他们的教学水平，还能激发他们的教学热情和创造力，从而为学生提供更优质的教育服务。在现代社会，教育领域的竞争日益激烈，教师需要不断提升自己的专业素养和能力，才能在职业生涯中保持竞争力。通过参加学术研讨会、教学交流活动和进修课程，教师可以了解教育领域的最新动态和发展趋势，获取更多的教学资源和机会。同时，这些活动也为教师提供了与同行交流和合作的平台，促进了他们的职业发展和个人成长。

教师的职业生涯不仅限于课堂教学，他们还可以通过参与科研项目、撰写学术论文、出版专业书籍等方式，拓宽自己的职业发展路径。通过这些途径，教师不仅可以提升自己的专业水平和学术影响力，还能为自己在教育领域的职业生涯积累更多的经验和成果。同时，这些职业发展路径也为教师提供了更多的职业晋升和发展机会。教学工作虽然充满挑战，但也带来了无尽的成就感和满足感。通过不断学习和提升，教师可以更好地应对教学中的各种挑战，提高教学效果和学生的学习成果。在看到学生的进步和成长时，教师会感受到巨大的成就感和职业幸福感。同时，专业发展也为教师提供了自我实现的机会，使他们在职业生涯中不断追求更高的目标和理想，实现自我价值。

在不断变化的教育环境中，教师面临着各种不确定性和挑战。教师可以增强自己的职业能力和适应能力，提高职业安全感和稳定性。专业发展使教师能够更好地应对教育改革和教育技术的变化，保持职业生涯的持续发展和稳定。同时，专业发展也为教师提供了更多的职业选择和机会，使他们在职业生涯中能够更灵活地调整和发展，保持职业生涯的持续性和稳定性。教师不仅是知识的传授者，还是学生成长的引导者和支持者。教师可以不断完善自己的知识体系和能力结构，提高自己的综合素质和能力。同时，专业发展也为教师提供了丰富的学习和实践机会，使他们在职业生涯中不断成长和进步。通过这些学习和实践，教师不仅能够提升自己的专业能力，还能提高自己的沟通能力、组织能力和领导能力，实现个人的全面发展。

二、大学英语教师专业发展的主要内容

（一）教学法培训

教学法培训是教师专业发展的重要组成部分，它旨在帮助教师掌握最新的教学方法和技巧，从而提高教学效果和学生的学习体验。首先，任务型教学法是当前较为流行的一种教学方法。它强调以学生为中心，通过具体的任务引导学生在实践中学习和运用知识。教师需要结合教学目标和学生的实际情况，使任务既有挑战性又能激发学生的兴趣和积极性。在任务的完成过程中，学生不仅能够巩固所学知识，还能培养解决问题的能力和团队合作精神。交际法注重语言的实际运用，强调在真实的交际情境中进行语言学习。教师在课堂上可以通过组织小组讨论、角色扮演和模拟对话等活动，为学生创造更多的语言运用机会。这种方法不仅能够提高学生的口语表达能力，还能增强他们的听力理解和语言综合运用能力。同时，交际法也有助于学生克服语言学习中的焦虑和紧张情绪，培养他们的自信心和主动性。

翻转课堂打破了传统课堂教学的模式，将知识传授和知识内化的过程进行分离。教师在课前通过录制视频、制作课件等形式，将知识内容传递给学生，学生可以根据自己的学习节奏进行预习和理解。在课堂上，教师则重点组织讨论、答疑和实践活动，帮助学生进一步消化和应用所学知识。这种模式不仅能够提高课堂效率，还能促进学生的自主学习和深度学习。项目式学习强调通过完成一个完整的项目，让学生在实际操作中学习和运用知识。教师在设计项目时，需要综合考虑各学科的知识点和技能点，使项目具有综合性和实践性。学生在完成项目的过程中，不仅能够学到知识，还能培养批判性思维、创造力和团队合作能力。同时，项目式学习也能够激发学生的学习兴趣和动机，使他们在实践中体验学习的乐趣和成就感。

教师需要掌握各种教育技术工具，如多媒体课件制作、在线教学平台的使用、虚拟课堂的组织等。通过信息技术，教师可以丰富课堂教学的形式和内容，提高教学的趣味性和互动性。同时，信息技术还能够帮助教师进行个性化教学，通过数据分析了解每名学生的学习情况。教育心理学能够帮助教师更好地了解学生的心理特点和学习

规律，从而制定更有效的教学策略。例如，了解学生的认知发展阶段和学习风格，教师可以选择适合的教学方法和活动形式，促进学生的学习效果。同时，教育心理学还能够帮助教师应对课堂管理中的各种问题，如学生的注意力分散、学习动机不足等，采取有效的干预措施，营造良好的课堂氛围。

有效评价和反馈能够帮助学生了解自己的学习进度和薄弱环节。教师在评价学生时，可以采用多种形式，如口头评价、书面评价、自评和互评等，综合反映学生的学习情况。同时，教师还应注重及时和建设性反馈，指出学生的进步和不足，提供具体的改进建议，帮助学生不断提升自己的学习能力。通过反思，教师可以总结教学中的经验和教训，发现和解决教学中的问题。教师可以通过撰写教学日志、进行课堂观察、与同行交流等方式，进行系统的教学反思。同时，教师还应根据反思的结果，不断改进和优化自己的教学方法和策略，提高教学效果和学生的学习体验。

（二）语言能力提升

教师自身的语言能力是教学效果的重要保障，因此需要不断提高自己的听、说、读、写能力。教师需要具备优秀的听力能力，以便在课堂上准确理解学生的发言和疑问。提高听力能力的方法有很多，包括通过听取各种英语音频材料，如新闻、播客、电影、电视剧等，来丰富自己的听力素材。同时，教师还可以参加听力培训课程，接受专业的指导和训练，提升自己的听力水平。此外，教师应积极参与和母语者的交流，通过实际的语言互动来提高听力理解的准确性和灵活性。教师需要具备流利的口语表达能力，以便在课堂上清晰地传达知识，激发学生的学习兴趣和参与度。提高口语能力的方法包括模仿和跟读优秀的英语口语材料，如演讲、对话、访谈等，通过模仿发音、语调和节奏来提高自己的口语表达水平。同时，教师可以参加口语培训课程，接受专业的发音指导和纠正。此外，教师还应积极参加各种口语交流活动，如英语角、语言沙龙等，通过与他人的交流来提高自己的口语表达能力和沟通技巧。

在提升读写能力方面，教师需要不断丰富自己的阅读素材和写作练习。阅读能力的提升可以通过广泛阅读各种英语书籍、期刊、报纸和网络文章来实现。教师应选择不同题材和风格的阅读材料，提升语言理解和分析能力。同时，教师还可以参加阅读讨论小组，与其他教师或学生分享阅读心得，交流阅读技巧，进一步提高自己的阅读能力。写作能力的提升则需要通过大量的写作练习和专业指导来实现。教师可以定期撰写教学论文、教学反思、读书笔记等，通过不断练习提高写作技巧和表达能力。此外，教师还可以参加写作培训课程，接受专业的写作指导和反馈，提升自己的写作水平。为了全面提升语言能力，教师还应注重综合训练和实践应用。听、说、读、写四种能力是相辅相成、互为促进的，教师在提升某一项能力的同时，也应注重其他能力的训练和应用。例如，在进行听力训练的同时，可以结合听力材料进行口语练习，通过复述和讨论来提高口语表达能力；在进行阅读训练的同时，可以结合阅读材料进行写作练习，通过撰写读书报告和评论来提高写作能力。通过综合训练，教师可以全面提升自己的语言综合运用能力，为教学效果提供更有力的保障。

语言是文化的重要载体，只有深入了解语言背后的文化背景，教师才能更好地理解和运用语言，传递文化内涵。教师可以通过阅读文化类书籍、观看文化类影视作品、参加文化交流活动等方式，丰富自己的文化知识，增强文化理解能力。同时，教师还可以与母语者进行交流，了解不同文化的习俗和思维方式，提升跨文化交际能力。这不仅有助于教师自身的语言能力提升，也能够为学生提供更丰富的语言文化体验。在快速变化的语言环境中，教师需要不断学习和更新自己的语言知识和技能，保持语言能力的先进性和实用性。教师可以制定个人学习计划，设定具体的学习目标和时间安排，通过自主学习和专业培训相结合的方式，不断提升自己的语言能力。同时，教师还应定期进行自我反思，总结语言学习和教学中的经验和教训，发现自己的薄弱环节和改进方向，不断提高自己的语言能力和教学水平。

教师的语言能力提升不仅对个人职业发展有重要意义，也对学生的学习效果和语言能力提升有着直接影响。通过提高自身的听、说、读、写能力，教师可以在课堂上提供更高质量的语言输入和指导，帮助学生提高语言综合运用能力。同时，教师作为学生语言学习的榜样，其语言能力和教学效果也会直接影响学生的学习态度和学习效果。因此，教师应高度重视语言能力的提升，不断学习和进步，为学生提供更优质的教育服务。

（三）文化素养培养

英语不仅是一种语言，也是一种文化，教师需要具备丰富的文化知识，才能更好地传授给学生。教师在教授语言的过程中，不仅要传授语法和词汇，还要传递语言背后的文化内涵。只有具备深厚的文化素养，教师才能帮助学生理解和欣赏英语国家的历史、社会、文学和艺术，增强他们的跨文化交际能力和全球视野。经典的文学作品如莎士比亚的戏剧、简·奥斯汀的小说和马克·吐温的作品，不仅是语言学习的宝贵资源，也是了解英语国家文化的窗口。通过阅读这些作品，教师可以深入理解不同历史时期的社会背景和文化变迁，提高自己的文化素养。

　　教师还可以通过学习英语国家的历史和社会学课程，系统了解其文化发展脉络。英语国家的历史和社会学课程涵盖了从古至今的社会、政治、经济和文化变迁，是了解其文化内涵的重要途径。通过系统学习，教师可以更好地理解语言背后的文化背景，从而在教学中更准确地传达这些文化信息，帮助学生形成全面的文化认知。此外，教师还应积极参与国际交流活动，提升自己的跨文化交际能力。通过参加国际学术会议、教育交流项目和文化体验活动，教师可以亲身感受英语国家的文化氛围，直接与当地人交流，了解他们的生活方式、思维习惯和价值观念。这种亲身体验和实际交流，不仅能增强教师的文化理解力，还能提高他们的语言运用能力和教学效果。

　　教师还可以利用多媒体资源，丰富自己的文化知识和教学内容。互联网和数字媒体的发展，为教师提供了丰富的文化资源和学习平台。教师可以通过观看纪录片、听取讲座、参与在线课程等方式，了解最新的文化动态和研究成果。同时，这些多媒体资源也可以应用到课堂教学中，为学生提供生动的文化体验，激发他们的学习兴趣和好奇心。文化素养的培养还需要教师具备批判性思维和开放的态度。在学习和传授文化知识的过程中，教师应保持批判性思维，客观分析和评价不同文化现象，避免片面和偏见。同时，教师还应保持开放的态度，尊重和包容不同文化的多样性，鼓励学生在交流和学习中尊重他人的文化背景和价值观。这种批判性思维和开放态度，不仅能提高教师的文化素养，还能培养学生的跨文化交际能力和全球视野。

　　教师应定期进行教学反思，总结自己在文化教学中的经验和不足，探索更有效的教学方法和策略。通过不断实践和反思，教师可以不断提高自己的文化素养和教学水平，为学生提供更优质的文化教育。文化素养的培养不仅对教师的职业发展有重要意义，也对学生的全面发展有深远影响。具备丰富文化知识的教师，能够在课堂上为学生提供更多的文化视角和思考维度，帮助他们形成全面的世界观和价值观。同时，教师在传授文化知识的过程中,也能激发学生的学习兴趣和求知欲,培养他们的创新能力和批判性思维。因此,教师应高度重视文化素养的培养,不断提升自己的文化知识和跨文化交际能力。

为了全面提升文化素养,教师还应积极参与专业培训和学习。学校和教育机构应为教师提供丰富的文化培训机会,如专题讲座、工作坊、文化交流项目等,帮助教师不断更新知识,提升文化素养。

(四) 信息技术应用

通过使用多媒体教学软件,教师可以将文字、图片、音频、视频等多种媒介结合起来,制作生动有趣的课件。多媒体教学软件还可以实现互动教学,通过电子白板、投影仪等设备,教师可以与学生进行实时互动,增强课堂的参与感和互动性。教师可以轻松获取各种教学资源,如电子教材、教学视频、练习题库等,用它们丰富课堂教学的内容。同时,在线教育平台还提供了丰富的教学工具,如在线测试、作业管理、讨论区等,帮助教师更好地组织和管理教学活动。教师还可以利用在线教育平台进行远程教学,与学生进行实时交流和互动,打破时间和空间的限制,提高教学的灵活性和效率。

通过学习管理系统(LMS),教师可以记录和分析每个学生的学习情况,了解他们的学习进度和薄弱环节,有针对性地进行辅导和支持。例如,教师可以通过在线测试和作业,收集学生的学习数据,分析他们的学习效果和问题,制定个性化的教学计划和学习方案,帮助学生提高学习成绩。同时,学习管理系统还可以提供个性化的学习资源和学习路径,提高他们的学习效果和学习积极性。通过在线测试和测评系统,教师可以轻松设计和实施各种形式的测试,如选择题、填空题、问答题等,快速收集和分析学生的测试结果,评估他们的学习效果和掌握情况。同时,在线测试和测评系统还可以提供即时反馈,帮助学生了解自己的学习进展和问题,及时进行改进和调整。此外,教师还可以利用在线测评系统进行自评和互评,增强学生的自我反思和合作学习能力,提高教学评价的全面性和科学性。

通过课堂录像和教学录音,教师可以回顾和反思自己的教学过程,发现和分析教学中的问题和不足,寻找改进和优化的方向。例如,教师可以通过观看课堂录像,观察自己的教学行为和学生的反应，评估教学效果和课堂管理情况，制定改进措施和策略。同时，教师还可以通过在线教学社区，与其他教师分享和交流教学经验和心得，学习和借鉴优秀的教学方法和实践，提高自己的教学水平和专业素养。通过在线培训和学习平台，教师可以随时随地参加各种专业培训和学习活动，如网络课程、专题讲座、教学研讨会等，不断更新知识和技能，提高专业素养和教学能力。同时，在线培训和学习平台还提供了丰富的学习资源和学习工具，如电子书籍、教学视频、案例分析等，帮助教师进行自主学习和深度学习，提升自己的学习效果和学习效率。此外，教师还可以通过在线培训和学习平台，与国内外的教育专家和同行进行交流和合作，拓宽自己的视野和人脉，获取更多的职业发展机会和支持。

在信息技术的支持下，教师还可以开展混合式教学，结合线上和线下的教学优势，优化教学过程和教学效果。混合式教学不仅能够提高课堂的灵活性和多样性，还能增强学生的自主学习能力和合作学习能力。例如，教师可以通过在线教育平台提供预习资料和学习任务，让学生在课前进行自主学习和预习，在课堂上进行讨论和互动，解决学习中的问题和疑惑。课后，教师可以通过在线平台布置作业和测试，进行学习效果的评估和反馈，帮助学生巩固和深化所学知识。通过远程教育和在线教育，教师可以将优质的教育资源和教学经验，传递给更多的学生，尤其是那些处于边远和贫困地区的学生。例如，教师可以通过直播课堂和录播课程，向这些学生提供高质量的教学内容和教学指导，帮助他们克服地域和经济的限制，获得更多的学习机会和资源。同时，信息技术还可以帮助这些地区的教师提高专业素养和教学能力，促进教育质量的提升和教育资源的均衡发展。

三、大学英语教师专业发展的途径

（一）校内培训

学校可以组织各种形式的培训，如专题讲座、工作坊和教学观摩等，帮助教师提高专业能力。通过邀请教育专家或学术领袖，学校可以为教师提供最新的教育理论和教学方法。专题讲座不仅能让教师及时了解教育领域的最新动态，还能激发他们的教学灵感和创新思维。此外，专题讲座通常会涉及具体的教学案例和实用技巧，教师可以直接将这些知识应用到日常教学中。通过工作坊，教师可以在一个集中的时间段内，深入学习某一特定的教学技能或方法。工作坊通常以小组活动和实践操作为主，教师在参与过程中可以进行角色扮演、模拟教学和问题讨论。这种培训方式不仅能提高教师的实践能力，还能促进他们之间的合作和交流。通过共同探讨和解决教学中的实际问题，教师可以互相学习、互相借鉴，共同提高。

通过组织教师观摩优秀教师的课堂教学，学校可以为教师提供宝贵的学习机会。观摩教学可以让教师直观地看到优秀教师是如何设计课堂、组织教学活动以及应对课堂中的各种突发情况的。观摩结束后，教师可以进行讨论和反思，总结观摩中的收获和启示，并将这些经验应用到自己的教学实践中。这种方式不仅能提高教师的教学技巧，还能帮助他们更好地理解和掌握先进的教学理念和方法。为了使校内培训更具系统性和持续性，学校还可以制定长期的培训计划和方案。通过建立系统的培训体系，学校可以为教师提供持续的学习和发展机会。例如，学校可以定期组织培训课程，涵盖教学方法、教育技术、学生管理等各个方面的内容，帮助教师全面提升专业素养。同时，学校还可以建立教师培训档案，记录每位教师的培训经历和发展情况，作为教师职业发展的参考和依据。

学校应为教师的培训提供必要的资源和条件，如培训经费、场地设备、学习资料等。此外，学校还应鼓励和支持教师积极参与各种培训活动，给予他们足够的时间和精力投入培训。同时，学校还可以通过设立培训奖励机制，对在培训中表现优秀的教师给予表彰和奖励，激发他们的学习积极性和主动性。通过校内培训，教师不仅可以提高自己的专业能力，还能提升团队的整体教学水平。校内培训为教师提供了一个学习和交流的平台，教师可以通过相互学习和合作，共同进步和成长。通过集体的智慧和力量，教师团队可以不断优化教学方法和策略。同时，校内培训还可以增强教师之间的凝聚力和合作精神，营造良好的教学氛围和团队文化。

教师可以及时了解和掌握最新的教育政策、教学理念和教学方法，提高自己的适应能力和创新能力。同时，校内培训还可以帮助教师提高对教育技术的应用能力，如多媒体教学、在线教育平台等，为实现教育现代化和教育创新提供有力支持。馈。通过对培训效果的评估，学校可以了解教师在培训中的收获和进步，发现培训中的问题和不足，及时进行调整和改进。例如，学校可以通过问卷调查、培训反馈会等方式，收集教师对培训的意见和建议，了解他们的培训需求和期望。学校可以不断优化培训内容和形式，提高培训的针对性和实效性，确保培训的质量和效果。

培训内容应涵盖教学方法、教育技术、学科知识、学生管理等各个方面，满足教师的多样化需求。同时，培训内容应注重实用性和可操作性，帮助教师解决教学中的实际问题。例如，学校可以组织针对特定教学难点的专题培训——如何提高学生的阅读理解能力、如何进行有效的课堂管理等，帮助教师提高解决问题的能力和教学水平。

（二）校外进修

教师可以参加各种外部培训和进修项目，如教育部组织的培训班、学术研讨会和国内外进修机会等，以全面提升自己的专业素养和教学能力。这些培训班通常由资深教育专家和学者授课，内容涵盖教育政策、教学理论、教学方法等多个方面。通过参加这些培训班，教师可以及时了解和掌握最新的教育政策和教学理念，提高自己的专业水平和教学效果。此外，这些培训班还提供了丰富的交流和互动机会，教师可以与来自不同地区和学校的同行进行交流和学习，拓宽自己的视野和思路。学术研讨会通常汇聚了来自全国乃至全球的教育专家和学者，内容涉及教育研究的最新成果和前沿动态。通过参加这些研讨会，教师可以了解和学习最新的教育研究成果和理论，提升自己的学术水平和研究能力。同时，学术研讨会还提供了丰富的交流和合作机会，教师可以与其他与会者分享和讨论自己的研究成果和教学经验，获得有益的反馈和建议。此外，学术研讨会还为教师提供了展示和提升自己学术影响力的平台，有助于他们在教育领域获得更多的认可和机会。

通过参加国内外的进修项目，教师可以在不同的教育环境中学习和体验，了解和借鉴不同的教育理念和教学方法。例如，教师可以通过教育部或学校的推荐，参加国内外知名大学的进修项目，学习先进的教育理论和教学方法，提高自己的教学能力和水平。同时，教师还可以通过参加国际交流项目，与国外的教育专家和教师进行交流和合作，了解不同国家和地区的教育现状和发展趋势，提升自己的国际视野和跨文化交流能力。通过参加这些专业培训和学习项目，教师可以系统学习和掌握某一特定领域的知识和技能，提高自己的专业素养和教学能力。例如，教师可以参加教育技术培训班，学习多媒体教学、在线教育平台的使用等技术，提高自己的信息化教学能力；

可以参加心理学培训班，学习教育心理学、学生心理辅导等知识，提高自己的学生管理和辅导能力。通过这些专业培训和学习项目，教师可以不断更新和提升自己的专业知识和技能，适应现代教育的发展需求。

校外进修不仅有助于教师的专业发展，还能提升他们的职业幸福感和成就感。通过参加各种外部培训和进修项目，教师可以不断学习和进步，获得职业发展的动力和信心。同时，这些进修机会也为教师提供了丰富的交流和互动机会，教师可以在交流和合作中获得新的启示和灵感，提升自己的教学效果和学生的学习体验。此外，校外进修还可以帮助教师拓宽职业发展路径，获得更多的职业发展机会和资源，实现职业理想和目标。为了确保校外进修的效果和质量，教师在选择和参加外部培训和进修项目时，应注重项目的实用性和针对性。教师应根据自己的专业发展需求和教学实际情况，选择适合的培训和进修项目，确保所学内容能够直接应用到教学实践中，提高教学效果和学生的学习效果。同时，教师还应积极参与培训和进修中的互动和交流，充分利用这些机会，与其他与会者分享和讨论自己的经验和问题，提升自己的学习效果和能力。

教师在参加外部培训和进修项目后，应及时进行反思和总结，整理和消化所学内容，寻找和发现教学中的改进点和应用点。同时，教师应在教学实践中不断应用和检验所学内容，通过实际教学中的反馈和效果，进一步优化和提升自己的教学方法和策略。此外，教师还可以通过撰写学习报告、参加教学研讨等方式，分享和推广自己的学习成果和经验，带动和影响其他教师共同进步和发展。校外进修不仅是教师个人发展的需要，也是学校和教育系统发展的需要。学校和教育机构应为教师提供更多的校外进修机会和资源，鼓励和支持教师参加各种外部培训和进修项目。同时，激发教师的学习积极性和主动性，促进他们的专业发展和教学水平提升。通过系统的校外进修和持续的专业发展，教师可以不断提高自己的专业素养和教学能力，推动教育事业的发展和进步。

（三）自主学习

教师可以通过阅读专业书籍、参加在线课程和加入专业社群等方式，自主进行专业发展。专业书籍涵盖了丰富的教育理论和实践经验，能够帮助教师系统地了解和掌握最新的教育理念和教学方法。通过阅读教育学、心理学、教学法等领域的经典和前沿著作，教师可以深入理解教育的本质和规律，提升自己的专业素养。同时，阅读专业书籍还能开阔教师的视野，激发他们的思考和创新，帮助他们在教学中不断改进和优化教学策略和方法。越来越多的优质教育资源通过在线课程的形式传播。教师可以根据自己的需求和兴趣，选择适合的在线课程进行学习。这些课程通常由资深教育专家和学者授课，内容涵盖教学理论、教学方法、教育技术等多个方面。通过参加在线课程，教师可以灵活安排学习时间，系统学习相关知识，提升自己的专业能力。同时，在线课程还提供了丰富的互动和讨论环节，教师可以与课程中的其他学员交流和分享，获得更多的学习启示和灵感。

专业社群是由有共同兴趣和专业背景的教师组成的学习和交流平台。通过加入专业社群，教师可以与同行进行深度交流和合作，分享教学经验和资源，讨论教学中的问题和挑战。专业社群还经常组织各种形式的学习活动，如专题讲座、工作坊、研讨会等，帮助教师不断学习和提升。通过参与这些活动，教师可以获得新的教学方法和理念，提升自己的教学水平和专业素养。同时，专业社群还为教师提供了丰富的人脉资源，帮助他们建立广泛的专业网络，获得更多的职业发展机会和支持。教师在阅读专业书籍、参加在线课程和加入专业社群的过程中，应注重将所学内容应用到教学实践中，不断优化和提升自己的教学方法和策略。通过撰写学习笔记、教学反思和研究报告，教师可以整理和总结所学内容。同时，教师还应积极分享和推广自己的学习成果和经验，与其他教师共同学习和进步，促进整个教师团队的专业发展和教学水平提升。

通过不断学习和进步，教师可以在教学中获得更多的成就感和满足感，增强职业自信和职业归属感。同时，自主学习还可以帮助教师拓宽职业发展路径。为了促进教师的自主学习，学校和教育机构应为教师提供丰富的学习资源和支持，如建立教师阅读室、提供在线学习平台、组织专业社群等。

第八章　大学英语课堂模式的未来发展趋势与展望

第一节　新时代大学英语课堂模式的未来发展趋势

一、技术融合与在线学习

随着科技的不断发展,技术融合已经成为教育领域的一个重要趋势。特别是在在线学习方面,现代技术如虚拟现实、增强现实和人工智能的应用,正深刻地改变着传统教育的面貌。这些技术的引入不仅使得在线学习更加个性化和互动化,还使得学习过程更加自适应,从而为学生提供了更为便捷且丰富的学习途径和资源。虚拟现实技术的运用为在线学习增添了全新的维度。学生可以身临其境地体验各种学习场景,无论是历史事件的重现还是科学实验的模拟,都可以更加生动直观地呈现在学生面前。这种沉浸式的学习体验不仅可以激发学生的学习兴趣,还可以提高他们的学习效果和记忆深度。

增强现实技术的应用也为在线学习注入了新的活力。通过增强现实技术,学生可以将虚拟信息叠加在现实世界中,使得学习内容更加贴近实际生活。例如,在学习地理知识时,学生可以通过增强现实应用在手机或平板电脑上观察虚拟地球的旋转和地理特征,从而更加直观地理解地球的结构和地理位置。这种与实际场景的结合不仅可以提高学习的趣味性,还可以加深学生对知识的理解和记忆。此外,人工智能技术的运用为在线学习提供了更加个性化和自适应的学习体验。通过人工智能算法的分析,学习平台可以根据每位学生的学习特点和水平,为其量身定制学习计划和内容推荐,使得学习过程更加贴合学生的需求和能力。而且,人工智能还可以通过大数据分析预测学生的学习行为和趋势,帮助学生更好地掌握知识和技能。

二、任务型教学与实践能力培养

任务型教学与实践能力培养在当今教育领域备受关注,其核心理念是将学习置于实际语境中,使学生能够通过参与式学习提升语言应用能力。任务型教学强调学生的主动参与和实践,注重培养学生的综合运用能力。通过项目、案例等实践活动,学生得以在实际场景中学习并运用英语,促使其真正掌握语言技能。这种教学模式将课堂变成了一个互动的学习平台,激发了学生的学习兴趣。教师不再是单纯的知识传授者,而是扮演着引导者和组织者的角色。他们设计各种任务,激发学生的思维,引导他们通过合作、讨论等方式解决问题,培养学生的创新意识和解决问题的能力。这种教学模式打破了传统的教学模式,注重培养学生的自主学习能力和团队合作精神,有助于他们在未来面对复杂的社会环境时更加从容应对。

通过参与各种实践活动,学生不仅可以运用所学知识解决实际问题,还可以培养实践动手能力和团队合作精神。例如,学生可以通过模拟情境进行角色扮演,参与实际项目的设计与实施,或是解决真实案例中的问题,从而在实践中提升语言应用能力。这种实践性的学习方式不仅加深了学生对知识的理解,还使他们具备了更强的应变能力和创新能力。任务型教学与实践能力培养的结合,不仅为学生提供了更加有效的学习方式,也为其未来的发展奠定了坚实的基础。通过在实际语境中学习和运用英语,学生不仅能够提高语言水平,还能够培养解决问题的能力、创新意识以及团队合作精神,从而更好地适应未来的社会环境。[①] 这种以学生为中心、注重实践的教学理念,正逐渐成为当今教育的主流。

三、个性化学习和自主学习

个性化学习和自主学习已成为备受关注的重要教育理念。这种教育模式倡导以学生为中心,尊重他们的个性差异。随着信息技术的不断发展,借助人工智能技术为学生提供智能化的学习辅助和个性化的学习计划已经成为可能。智能化的学习系统可以根据学生的学习特点和需求,为他们量身定制学习计划,并提供相应的学习资源和指

---

① 钱思彤. 大学英语混合式教学质量影响因素与提升策略研究 [J]. 品位·经典,2023(09):157-159.

导。这种个性化的学习方式不仅可以更好地满足学生的学习需求，还可以提高他们的学习效率和成绩。

自主学习强调学生的自主选择和自我管理能力，鼓励他们根据自己的兴趣和需求制定学习计划，并通过自主学习的过程提高自己的学习能力和素养。在自主学习的过程中，学生可以根据自己的时间安排和学习进度，发挥自己的主动性和创造性。个性化学习和自主学习的结合，为学生提供了更加灵活和多样化的学习机会，有助于他们更好地发挥自己的潜能。通过注重学生的个性化学习需求和自主选择学习路径，教育可以更好地满足学生的学习需求。同时，借助人工智能技术提供智能化的学习辅助和个性化的学习计划，可以进一步提高学生的学习效率和成绩，为其未来的发展打下坚实的基础。

四、跨学科融合与内容丰富

跨学科融合与内容丰富在教学中扮演着至关重要的角色。通过将不同学科的知识与英语学习相结合，可以为学生提供更加全面和实用的学习体验。在英语课堂中引入跨学科内容，例如商务英语和科技英语，不仅可以拓展学生的知识领域，还可以满足他们未来专业发展的需求。因此，跨学科融合是英语课堂内容丰富的重要手段之一。跨学科融合不仅仅是简单地将不同学科的内容融入英语教学中，更重要的是要使其相互关联、相互支持。举例来说，商务英语可以与经济学和市场营销等学科相结合，通过学习商务英语，学生不仅能够提高英语水平，还能够了解商业环境中的相关知识，为将来从事商务工作打下坚实的基础。

科技英语已经成为现代社会不可或缺的一部分。在英语课堂中引入与科技相关的内容，可以帮助学生了解最新的科技进展，培养他们的科技素养和创新能力。例如，通过学习科技英语，学生可以了解到人工智能、大数据等前沿技术的相关术语和应用场景，为他们将来从事与科技相关的工作做好准备。此外，跨学科融合还可以促进学生的综合素养的提升。在英语课堂中引入与不同学科相关的内容，可以培养学生的综合思维能力和跨学科解决问题的能力。通过跨学科的学习，学生可以从不同的角度去理解和解决问题，提高他们的综合素养和创新能力。

五、跨文化交流与国际化视野

跨文化交流与国际化视野对于当今全球化时代的学生来说至关重要。通过加强跨文化交流和国际合作，学生可以获得与外国学生互动的机会，从而培养国际化视野和跨文化沟通能力。在教学实践中，推广双语教学或多语种教学是实现这一目标的重要途径之一。在当今世界日益紧密联系下，跨文化交流已经成为一种必然趋势。学生不仅需要具备扎实的专业知识，还需要具备跨文化沟通的能力。通过与外国学生互动，学生可以了解不同国家和地区的文化、习俗和价值观，从而拓宽自己的视野，增进自己的人文素养。此外，跨文化交流还可以促进不同国家和地区之间的友好合作，为解决全球性问题提供更多的思路和方案。

在双语教学或多语种教学的课堂中，学生不仅可以学习英语，还可以学习其他外语，如西班牙语、法语、德语等。通过学习多种语言，学生可以提高自己的语言交际能力，增强自己的跨文化沟通能力。同时，多语种教学还可以促进不同文化之间的交流与融合，为学生提供更广阔的发展空间。除了在课堂教学中加强跨文化交流和国际合作，学校还可以通过组织国际交流活动和参与国际合作项目来促进学生的国际化视野和跨文化沟通能力的培养。通过参与国际交流活动，学生可以亲身体验不同国家和地区的文化，增进自己与外国学生的友谊，拓宽自己的国际视野。同时，通过参与国际合作项目，学生可以与国外学生合作解决实际问题，锻炼自己的团队合作能力和跨文化沟通能力。

六、评价体系的变革与多元化

评价体系的变革与多元化是教育领域的一项重要改革。在过去，评价主要侧重于对语言知识和技能的考核，而今，越来越多的教育者开始意识到，评价应该更加多元化，不仅要考查学生的语言能力，还要注重对其综合素养的培养。为此，引入形成性评价和反馈机制成为改革的重要一环，这样的评价方式能够更好地激励学生在实践中不断反思和提升。传统的评价体系往往过于注重考试分数，而忽视了学生的综合素养和实际应用能力。因此，多元化的评价方式变得尤为重要。除了考查学生的语言知识和技能外，还应该评价他们的创新能力、沟通能力、批判性思维等综合素养。例如，可以通过项目作业、口头展示、团队合作等方式来评价学生的综合素养，从而更全面地了解他们的学习状况。

形成性评价和反馈机制的引入可以有效促进学生的自主学习和持续发展。形成性评价强调对学生学习过程的全程跟踪和指导，通过定期的小测验、作业反馈等方式，及时发现学生的学习问题并加以解决。同时，反馈机制则强调对学生学习成果的及时反馈，让学生清楚地了解自己的优势和不足，从而更有针对性地进行学习调整和提升。在实践中，形成性评价和反馈机制可以与传统的评价方式相结合，形成一个更加完善的评价体系。传统的评价方式可以作为总结性评价的一部分，而形成性评价和反馈机制则可以作为学习过程中的重要组成部分，共同为学生的全面发展提供支持和指导。这样的评价体系不仅能够更好地激励学生的学习动力，还能够更准确地反映他们的学习水平和成长轨迹。

七、教师角色的转变与专业发展

随着教育理念的更新和教学模式的变革，教师的角色也在发生着转变。今天的教师不再是简单的知识传授者，而更多地扮演着指导者、促进者和资源提供者的角色。这种转变要求教师具备跨学科知识和教育技术的能力，并且需要他们持续不断地进行专业发展和学习更新。教师往往扮演着主导者的角色，他们站在讲台上，向学生传授知识。然而，随着信息技术的发展和教育理念的更新，教师的角色正在发生着根本性的变化。今天的教师更多是学习的引导者，他们的任务不仅是传授知识，更重要的是激发学生的学习兴趣，引导他们主动参与学习过程。

教师作为指导者的角色在教学过程中变得愈发重要。他们需要根据学生的个性特点和学习需求，灵活地调整教学策略，为学生提供个性化的学习指导。与此同时，教师还需要成为学生学习路上的促进者，帮助他们克服困难，实现自己的学习目标。为了更好地扮演新角色，教师需要具备跨学科知识和教育技术的能力。跨学科知识可以帮助教师更好地理解学科之间的关联性，为跨学科教学提供支持。教育技术则可以帮助教师更好地利用现代技术手段，丰富教学资源。因此，教师需要不断地进行专业发展和学习更新，不断提升自己的跨学科知识和教育技术水平。

第二节 大学英语课堂模式创新的前沿技术与方法

一、虚拟现实技术（VR）和增强现实技术（AR）

虚拟现实技术（VR）和增强现实技术（AR）正在迅速改变着教育领域的面貌。在大学英语课堂中，这些前沿技术的应用为学生提供了一种全新的学习体验。通过虚拟现实设备，学生可以仿佛置身于英语环境中，与母语为英语的虚拟角色互动，参与各种语境的对话和场景模拟，从而极大地提高了他们的语言交际能力和情景应用能力。学生可以利用 VR 设备进入虚拟场景，例如购物中心、旅游景点、餐厅等，与虚拟角色进行真实场景的交流。学生可以更直观地体验到英语在实际生活中的应用场景，更加自然地练习语言表达和交际技巧。这种沉浸式的学习体验不仅可以提高学生的语言水平，还可以增强他们的文化认知和跨文化交流能力。

增强现实技术的应用也为英语教学带来了新的可能性。通过 AR 应用，学生可以在现实环境中叠加虚拟信息，例如在课堂上扫描课本上的单词，便能立即显示出相应的图片或解释，从而增强了学习的互动性和趣味性。此外，利用 AR 技术，教师还可以设计各种虚拟实验和游戏，让学生通过互动的方式学习英语知识，提高他们的学习动机和参与度。虚拟现实技术和增强现实技术的应用不仅能够丰富英语教学的内容和形式，还可以激发学生的学习兴趣。然而，需要注意的是，虽然这些技术为教学带来了很多优势，但其成功应用还需要教师在教学设计和指导方面的支持和指导。因此，教师需要不断学习和探索如何将这些前沿技术有效地融入英语教学中，从而更好地发挥它们在提高学生语言能力和情景应用能力方面的潜力。

二、人工智能（AI）和自然语言处理（NLP）

在当今信息技术高度发达的时代，人工智能（AI）和自然语言处理（NLP）技术正逐渐成为大学英语教学的重要工具和资源。这些技术的应用使得英语学习变得更加个性化和智能化。通过智能化的学习系统，教师能够根据学生的学习情况和需求，为他们提供个性化的学习路径和反馈，从而更好地满足不同学生的学习需求，促进他们的英语学习效果。

人工智能和自然语言处理技术的应用为英语学习提供了更加智能和个性化的学习路径。例如，系统可以根据学生的学习情况和兴趣，为他们推荐适合的学习资源，个性化地设计学习计划，并提供定制化的学习反馈和建议。这种个性化的学习路径能够更好地激发学生的学习兴趣和动力。

除了提供个性化的学习路径，人工智能和自然语言处理技术还可以为英语学习提供智能化的学习反馈。通过分析学生的学习表现和语言使用情况，系统可以为他们提供实时的学习反馈和建议。例如，系统可以根据学生的口语发音和语法错误，提供针对性纠错和改进建议；同时，系统还可以根据学生的学习进度和理解程度，提供相应的知识拓展和深化内容。这种智能化的学习反馈能够帮助学生及时发现和纠正自己的学习问题。

三、在线协作工具和远程教学平台

在线协作工具和远程教学平台的应用正在逐渐改变大学英语教学的面貌。这些工具和平台的出现使得教学不再受限于地域和时间，为教师和学生提供了更加灵活、便捷的学习方式。通过利用在线协作工具和远程教学平台，教师可以与学生共享学习资源，开展线上讨论和合作项目，从而拓展了教学的时空范围，增加了教学的灵活性和多样性。远程教学平台为教师和学生提供了一个便捷的在线学习空间。教师可以在平台上发布课程资料、录制教学视频、设置在线作业等，学生则可以通过平台进行学习和提交作业。这种灵活的学习方式为学生提供了更多的学习机会和选择，能够更好地满足他们的学习需求。

通过各种在线协作工具，教师和学生可以在不同的时间和地点进行实时互动和合作。例如，他们可以利用视频会议工具进行远程讨论和交流；同时，他们还可以利用在线文档编辑工具共同编写文档、制作演示稿等，实现远程合作项目。这种在线协作的方式不仅促进了教师和学生之间的互动和合作，还能够培养学生的团队合作能力和远程协作能力。除了提供灵活的学习方式，远程教学平台和在线协作工具还可以丰富教学内容和形式。教师可以通过这些平台发布丰富多样的学习资源，如教学视频、电子书籍、在线课件等，为学生提供更加生动直观的学习体验。同时，教师还可以利用在线协作工具设计各种互动性强、趣味性高的教学活动，如在线游戏、虚拟实验等。

四、移动学习和社交媒体

移动学习和社交媒体的普及已经成为当今大学英语教学的重要趋势。这些新兴技术的应用为学生提供了更加便捷和丰富的学习方式,极大地促进了英语学习的自主性和互动性。通过手机或平板电脑,社交媒体平台则为他们提供了一个分享资源、交流讨论的平台,从而极大地丰富了学习体验和提升了学习效果。学生只需携带手机或平板电脑,就能够随时随地进行学习。无论是在公交车上、咖啡馆里还是在家中,他们都可以利用碎片时间进行学习。这种随时随地的学习方式大大提高了学习的灵活性和效率,让学生更好地安排自己的学习时间,充分利用碎片时间,提高学习的效率和质量。

除了提供便捷的学习方式外,社交媒体平台还为学生提供了一个交流和互动的空间。通过社交媒体平台,学生可以与老师和同学进行实时互动,分享学习资源、讨论学习问题,甚至参与在线学习社群。这种社交化的学习方式不仅可以促进学生之间的交流和合作,还能够激发学生的学习兴趣和动力,提高学习的积极性和参与度。此外,社交媒体平台还为学生提供了丰富多样的学习资源。学生可以获取到各种形式的学习资源,如学习视频、学习笔记、学习博客等。他们还可以通过社交媒体平台参与到各种学习活动和讨论中,了解最新的学习动态和趋势,从而不断拓宽自己的学习视野和知识面。

五、游戏化学习

游戏化学习作为一种新颖而有效的教学方法,将游戏元素融入学习过程中,为大学英语教学注入了新的活力和动力。通过设计具有挑战性和趣味性的英语学习游戏,可以激发学生的学习兴趣和动力,增加他们的学习参与度和积极性,从而提高英语学习效果。相比于传统的教学方法,游戏化学习更加富有趣味性和吸引力,能够引起学生的好奇心和兴趣。通过设计丰富多样的游戏任务和挑战,学生可以在愉快轻松的氛围中进行学习,从而更加积极主动地投入学习过程中。

游戏化学习能够增加学生的学习参与度和积极性。在游戏化学习中,学生通过完成各种任务和挑战来获取奖励和认可,从而获得成就感和满足感。这种积极的反馈机制能够激励学生不断努力,持续参与到学习活动中。此外,游戏化学习还能够培养学生的团队合作和竞争意识。学生可以与同学组成小组,共同完成任务和挑战,培养团队合作精神和协作能力。同时,他们还可以通过竞赛和比赛来展示自己的能力和水平,增强竞争意识和挑战精神。

最重要的是,游戏化学习能够提高学生的学习效果。通过设计具有挑战性和趣味性的游戏任务,学生在参与游戏的过程中不仅能够巩固和应用所学知识,还能够培养解决问题的能力和思维方式。这种以学习为目的的游戏活动能够激发学生的学习动力,促进他们的学习效果。

第三节 大学英语课堂模式发展的关键问题与挑战

一、大学英语课堂模式发展的关键问题

(一)传统教学模式的限制

传统的大学英语教学模式一直以来都备受质疑,其限制之一在于过度强调教师的主导地位。在这种模式下,教师扮演着知识传授的角色,而学生则被动地接收信息,形成了一种单向的教学格局。然而,这种单向传授的方式容易使得学生的学习过程缺乏足够的互动和实践环节,进而影响了他们的学习效果。学生往往处于被动接受知识的状态,缺乏主动参与和自主学习的机会。教师在课堂上讲授知识,学生则被动地听课、记笔记,缺少对知识的深度理解和积极探索。这种单向传授模式容易使得学生的学习兴趣降低,对课堂内容缺乏持久的关注度,从而影响了他们的学习效果。

除了学习动机的问题,传统教学模式还存在着学生实际应用英语能力的培养不足的隐患。课堂教学往往偏重语法、词汇等基础知识的传授,而忽视了语言实际运用能力的培养。学生缺乏机会在真实的语境中运用英语进行交流、表达意见,导致他们在实际应用场景中的表现能力不足。[①] 因此,要改变传统教学模式的限制,需要从课堂

---

① 许颖. 高校英语教学质量的影响因素及增效策略 [J]. 吉林广播电视大学学报,2023(03):1-3.

教学的设计和实施入手。教师可以采用更加开放和互动的教学方式,鼓励学生参与课堂讨论、小组活动等,增加学生的参与度和互动性。此外,引入实践性的学习环节,如角色扮演、案例分析等,让学生在实践中掌握语言技能,提升他们的实际应用能力。通过这些改革措施,可以有效地突破传统教学模式的限制,促进学生全面发展。

(二) 教学资源的匮乏

在当今高等教育领域,教学资源的匮乏成为制约大学英语课堂发展的一个严峻挑战。一些学校面临着现代化教学设备和资源的不足,这意味着学生无法获得多样化的学习体验和支持。缺乏先进的技术设备,如电子白板、多媒体投影仪等,可能导致课堂教学呈现单一化、传统化的特点。因此,学生在课堂上的参与度和学习积极性可能受到限制,难以激发他们的学习兴趣和创造力。教师在课堂教学中也可能受到教材资源的限制。教材质量和数量的不足会影响教师的教学效果和教学方法的选择。如果教材内容陈旧、过时,无法满足学生的学习需求和教学目标,教师将难以设计出富有创意和启发性的课堂活动。此外,如果教材数量不足,教师可能会面临资源匮乏的困境,难以为学生提供多样化的学习材料和资源。

教学资源的匮乏也会影响到个性化教学和跨学科融合的实现。缺乏现代化的教学设备和资源,教师难以为学生提供个性化的学习体验和支持。此外,如果教学资源不足,跨学科融合的实现也会受到影响。跨学科融合要求教师能够结合不同学科的知识和资源,设计出富有创意和启发性的课堂活动。然而,如果教师面临教学资源的匮乏,将难以实现跨学科融合,影响课堂教学的多样性和创新性。学校可以加大对教学设备和资源的投入,提升教学设备的更新换代速度,确保学生能够享受到先进的教学设备和资源。同时,学校还可以加强对教师的培训和支持,提升教师的教学水平和教学方法的多样性,促进教师更好地利用有限的教学资源,实现个性化教学和跨学科融合。通过这些举措,可以有效地解决教学资源匮乏的问题,提升大学英语课堂的教学质量和学生的学习体验。

(三) 学生学习动机的不足

学生学习动机的不足是一个普遍存在的问题。有些学生缺乏对英语学习的积极性和动力，他们可能将英语视为应试需要，而非一种实际应用的工具。这种态度的背后可能是学生对英语学习的认知存在偏差，他们可能没有意识到英语在日常生活和职业发展中的重要性，或者缺乏对英语学习的真正兴趣。

学生学习动机不足的原因可能多种多样。学生可能缺乏明确的学习目标。如果学生没有清晰的学习目标，他们可能缺乏对英语学习的动力和方向感，容易在学习过程中迷失方向。学生学习兴趣不高也是学习动机不足的一个重要原因。如果学生对英语学习缺乏兴趣，他们可能无法持续保持学习的积极性，容易在学习过程中产生倦怠和抵触情绪。此外，学习方法不当也可能影响学生的学习动机。如果学生没有找到适合自己的学习方法，他们可能无法高效地进行学习，从而降低了学习的成就感和满足感。

学校和教师可以通过宣传教育，提升学生对英语学习的认知，让他们意识到英语在个人发展和职业规划中的重要性。学校和教师可以通过丰富多彩的教学活动，提升他们对英语学习的积极性。此外，学校和教师还可以通过引导学生制定明确的学习目标，帮助他们建立学习动机，增强学习的自信心和自觉性。学校和教师还可以通过指导学生选择适合自己的学习方法，提升他们的学习效率和学习成就感。

（四）评价体系的单一性

评价体系的单一性已成为当前大学英语教育中一个不容忽视的问题。这种评价体系往往以考试成绩为主要评价标准，将学生的学习成果简单地量化为分数，从而容易造成教学内容的功利化。学生和教师都可能过于关注分数而忽视了学生综合能力的培养和实际应用能力的考量。以考试成绩为唯一评价标准的评价体系助长了功利化的教学倾向。教师可能过于关注学生的应试能力，而忽视了学生的综合素养和能力培养。教学内容往往被设计为迎合考试题型，而非关注学生的实际需求和学习兴趣。这种功利化的教学模式容易造成学生对课程的浅尝辄止，缺乏对知识的深度理解和实际应用能力的培养。

缺乏多样化的评价手段和综合性的评价体系也是评价体系单一性的一个表现。如果评价体系只关注学生的考试成绩，而忽视了其他方面的评价指标，将难以全面衡量学生的学习成果和能力水平。学生的学习过程可能包括课堂表现、作业完成情况、课外活动参与等多个方面，而单一的考试成绩无法反映出这些方面的综合表现。为解决评价体系单一性带来的问题，需要采取一系列措施来丰富评价手段和完善评价体系。可以引入多样化的评价手段，如课堂讨论、小组项目、口头报告等，以更全面地评价学生的学习表现。可以建立综合性的评价体系，将学生的学习成果和能力水平从多个方面进行评估，如知识掌握程度、实际应用能力、创新思维等。需要加强对教师的评价培训，提升他们的评价意识和能力，促进评价体系的不断完善和改进。可以有效地解决评价体系单一性带来的问题，提升大学英语教育的质量和效果。

（五）教师专业发展的需求

在当前大学英语教育领域，教师专业发展的需求日益凸显。一些教师可能缺乏现代教育理念和教学方法的更新意识，导致他们难以适应多样化的学生需求和教学环境的变化。这种情况下，教师面临着诸多挑战，包括教学资源获取、教学技能提升以及课程设计等方面的挑战，因此迫切需要加强专业发展和教学研究。随着教育理念的不断更新和变革，教师需要不断地学习和掌握最新的教育理念和教学方法，以更好地应对学生的多样化需求。例如，引入项目式学习、个性化教学等现代教育方法，能够更好地激发学生的学习兴趣和提高他们的学习效果。

现代教育需要丰富多样的教学资源支持，但是一些教师可能面临着获取教学资源困难的问题。因此，学校和教育机构需要提供更多的支持和帮助，为教师提供充足的教学资源，以促进他们的教学质量和效果。同时，教师需要不断提升自己的教学技能。教学技能的提升包括教学方法的创新、课堂管理能力的提高等方面。通过参加教师培训、研讨会等专业发展活动，教师能够更好地了解和掌握最新的教学技能。随着教育环境的变化和学生需求的多样化，教师需要不断更新和改进自己的课程设计，以更好地满足学生的学习需求和教学目标。因此，加强课程设计能力的培养和提升，对于教师专业发展具有重要意义。

二、大学英语课堂模式发展面临的挑战

（一）学生的学习习惯和态度改变

学生的学习习惯和态度正在经历着深刻的变化。在当今数字化时代，技术已经成

为学生们学习的重要工具和娱乐方式。随着智能手机、平板电脑等便携设备的普及，学生们越来越倾向于依赖技术来获取信息和完成学习任务。这种趋势对传统的课堂模式构成了挑战，因为学生可能对传统的纸质教材和传统的课堂讲授缺乏兴趣，他们更希望通过数字化方式获取知识。与此同时，社交媒体和其他在线平台的普及也在影响着学生的学习态度和行为。学生们可能会在课堂上使用手机或其他设备上的社交媒体，以及其他在线平台，这导致了他们的注意力更容易分散。在一个充斥着各种娱乐和信息碎片的环境中，学生们往往难以集中精力，专注于课堂教学内容。这种分散的注意力不仅影响了他们的学习效果，也给教师带来了管理课堂的挑战。

针对学生学习习惯和态度的这种变化，教育者需要思考如何调整课堂教学模式，以更好地吸引学生的注意力并促进他们的学习。一种可能的方法是利用技术来增强课堂教学的互动性和趣味性。例如，教师可以利用在线平台或教育应用程序设计课堂活动和游戏，使学习过程更具吸引力和互动性。此外，教师还可以通过鼓励学生使用技术工具来参与课堂讨论和分享观点，从而促进学生之间的合作学习和知识交流。教育者还可以考虑如何引导学生正确使用技术，并教育他们如何在数字化环境中保持注意力集中。这可能包括制定课堂规则，限制学生在课堂上使用手机和其他设备的时间，并提供一系列关于数字化注意力管理的教育资源和技巧。通过这些努力，教育者可以更好地适应学生学习习惯和态度的变化，提高课堂教学的效果和吸引力。

（二）多样化学生群体

在当今的大学英语课堂中，学生群体的多样化成为一个显著的特点。这种多样性体现在各个方面，包括学生的文化背景、学习能力以及学习风格等方面。首先，大学英语课堂可能会有来自不同文化背景的学生。这意味着教学需要考虑到学生们的文化差异，创造一个包容性的学习环境，使每个学生都能感受到被尊重和接纳。在一个文化多元的课堂中，教育者需要灵活调整教学内容和方法，以满足不同学生的需求。这可能涉及选择多元化的教材和资源，以反映不同文化背景的视角和体验。同时，教育者还应该鼓励学生之间的跨文化交流和合作，促进他们的相互理解和尊重。

除了文化背景的多样性外，学生的学习能力和学习风格也各不相同。传统的课堂模式可能无法完全满足所有学生的需求。一些学生可能更喜欢通过听课来学习，而另一些学生可能更善于通过实践和互动来掌握知识。因此，教育者需要采用多样化的教学方法，以适应不同学生的学习风格和能力水平。这可能包括使用多媒体教学工具、小组讨论、项目作业等形式，以激发学生的兴趣和参与度。此外，教育者还可以提供个性化的学习支持和辅导，实现个人的学术目标。

（三）教学资源与技术支持

在教学领域，不断更新的英语教学资源和技术支持是确保教学质量和学生学习效果的关键。随着时代的变迁和技术的迅猛发展，传统的教学方法已经不能满足当今学生的需求，因此，教师们必须与时俱进，不断更新教材和教学方法，以更好地激发学生的学习兴趣和提高他们的学习成绩。在现代教学中，技术已经成为不可或缺的一部分。教师们需要不断提升自己的技术水平，以适应各种教学工具和平台的使用。例如，他们可能需要学习如何使用在线教学平台进行远程教学，如何利用多媒体资源丰富课堂教学内容，以及如何运用教育软件和应用程序帮助学生更好地理解和掌握知识。

除了技术培训之外，教师们还需要不断寻找和利用最新的教学资源。这些资源包括但不限于教科书、教学视频、网络课程以及各种在线学习平台。通过积极探索和应用这些资源，教师们可以为学生提供更加生动和多样化的学习体验，从而提高他们的学习动力和学习效果。同时，教师们还需要密切关注教育技术的最新发展趋势，并灵活运用这些技术来优化教学过程。例如，他们可以利用人工智能技术个性化地指导学生学习，通过数据分析和智能推荐系统为每个学生量身定制学习计划。此外，虚拟现实和增强现实技术也可以为英语教学带来全新的体验，让学生身临其境地感受语言环境，提高他们的语言表达能力和交际能力。

（四）课堂互动与参与度

在当今教学环境中，传统的课堂模式往往无法完全激发学生的学习兴趣和参与度。因此，为了提高学生的参与度和课堂互动，教师们需要引入更多的互动元素，创造积极的学习氛围，从而促进学生的学习效果和成长。传统的课堂模式往往以教师为中心，学生缺乏主动参与的机会。为了改变这种局面，教师可以采用各种互动教学方法，例如小组讨论、角色扮演、案例分析等，让学生成为课堂的主体，积极参与到学习过程中。通过这些互动活动，学生不仅可以更好地理解和掌握知识，还可以培养团队合作能力和解决问题的能力。

教师还可以利用现代科技手段增加课堂的互动性。例如，使用在线投票工具进行即时投票，让学生表达自己的观点和看法；利用教育应用软件设计游戏化学习活动，增加学生的参与度和乐趣。这些技术手段不仅可以吸引学生的注意力，还可以提高他们的学习积极性和主动性。传统的考试评估方式往往只能评价学生的记忆和理解能力，无法全面反映他们的综合能力。因此，教师需要引入更多的项目作业、口语表达等形式来评估学生的综合能力。通过项目作业，学生可以动手实践，提升解决问题的能力和创新思维；通过口语表达，学生可以锻炼语言表达能力和交际能力，提高他们的沟通能力和表达能力。

第四节　大学英语课堂模式的未来展望与建议

一、技术整合与创新

在当今日新月异的科技时代，教育领域也随之迎来了前所未有的变革与挑战。技术整合与创新已成为提升教育水平、培养人才的关键途径。引入先进的教育技术，如在线学习平台、虚拟现实（VR）技术、人工智能（AI）辅助教学等，是顺应时代潮流的必然选择。这些技术的融入不仅可以丰富课堂教学形式，还能够提升学习效果。通过语音识别技术改善口语表达能力，学生可以更加自如地进行口语练习，提升语言沟通能力。智能推荐系统则能够根据学生的学习情况和兴趣爱好，提供个性化的学习路径和资源推荐，帮助学生更高效地学习，充分发挥其潜能。

教育技术的应用也为教师们提供了更多的教学支持和资源。借助在线学习平台，教师可以轻松地获取到丰富多样的教学资源和案例，为课堂教学提供更多元化的内容。而虚拟现实技术的运用，则可以打破时空限制，为学生呈现更加生动、直观的学习场景，提升他们的学习体验和参与度。然而，值得注意的是，技术整合与创新并非一蹴而就，需要全社会的共同努力和投入。教育部门、学校、教师以及科技企业都应该加强合作，共同推动教育技术的发展与应用，为培养更多具有创新精神和实践能力的人才打下坚实的基础。只有不断探索和实践，才能更好地发挥教育技术在提升教育质量、促进教育公平方面的作用，实现教育的可持续发展。

二、学习内容与方法更新

学习内容与方法的更新是适应社会发展和时代需求的必然要求。因此，调整课程内容以更贴合时代需求，加强跨文化交流、信息获取与分析能力的培养，已成为教育改革的重要方向之一。这样的调整不仅可以提升学生的综合素养，还能够更好地培养他们适应未来社会的能力。

学习内容的更新需要与时俱进，贴近社会实际，关注学生的个性发展和未来职业需求。加强跨文化交流的培养，不仅可以帮助学生拓宽国际视野，还能够提升他们的国际竞争力。同时，信息获取与分析能力的培养也显得尤为重要，因为在信息爆炸的时代，学会有效地获取和分析信息是学生必备的基本素养，也是未来成功的关键之一。培养学生综合运用英语的能力，则是顺应全球化趋势的需要，能够为他们的国际交流和职业发展打下坚实的语言基础。

推广以项目为导向的学习方法，是一种能够激发学生学习兴趣和主动性的有效途径。学生可以在实践中探究问题、解决挑战，培养他们的创新精神和解决问题的能力。而团队合作则是项目学习的重要组成部分，能够锻炼学生的团队协作能力和沟通能力，培养他们在团队中发挥领导作用和合作精神的能力。

三、多元化评价体系

构建多元化的评价体系是教育改革的重要一环，其目的在于更全面、更准确地评估学生的学习情况和能力水平。在这一评价体系中，不仅仅要注重传统的考试成绩，更需要关注学生的实际语言运用能力、沟通能力以及团队合作能力等方面。引入综合评价方式，如口语演讲、写作作业、小组项目展示等，能够更好地展现学生的综合能力，促进他们全面发展。传统的考试成绩虽然可以反映学生的学习情况，但却不能全面评价学生的英语能力。因此，引入综合评价方式显得尤为重要。口语演讲是一种能够展现学生口语表达能力和思维逻辑能力的评价方式，通过此项评价可以更好地了解学生的口头表达能力和语言运用能力。而写作作业则能够反映学生的语言组织能力和文字表达能力，通过此项评价可以更好地了解学生的书面表达能力。此外，小组项目展示则是一种能够评价学生团队合作能力和沟通能力的评价方式，通过此项评价可以更好地了解学生在团队中的角色定位和协作能力。

建立多元化的评价体系，不仅有利于全面了解学生的学习情况和能力水平，还能够促进教学方式的多样化和教育目标的多元化。通过引入不同形式的评价方式，增强他们的自主学习能力。此外，多元化的评价体系还能够促进教师的专业成长，鼓励他们探索更有效的教学方法和评价方式，提升教育质量和水平。

四、教师角色的转变

在当今教育变革的浪潮中，教师角色的转变已成为教育改革的重要方向。传统上，教师往往被视为简单的知识传授者，而如今，随着教育理念的更新和社会需求的变化，教师的角色也发生了根本性的转变。他们不再只是知识的传授者，更是学习的引导者和合作伙伴，注重激发学生的学习兴趣和自主学习能力。为了适应这一变化，教育界需要提供教师专业发展机会，培养他们应对新技术和教学方法的能力，使其与时俱进。教师的新角色要求他们不仅要具备扎实的学科知识，更要具备教育心理学和教育技术方面的知识。他们需要了解学生的学习特点和需求，通过差异化教学满足不同学生的学习需求。同时，他们还需要熟悉各种教学方法和工具，能够灵活运用，创造出有利于学生学习的教学环境和氛围。教师不仅要做到知识的传授，更要做到启发学生思考、引导学生探索、激发学生兴趣，从而培养学生的创新能力和解决问题的能力。

为了使教师能够胜任新的角色，教育界需要提供他们专业发展的机会和支持。这包括举办各种形式的培训和研讨会，邀请专家学者开展讲座和交流，开设在线学习课程等。通过这些方式，教师可以不断更新自己的知识和技能，提高自己应对新技术和新教学方法的能力。同时，学校和教育机构还可以建立起教师间的合作和交流机制，让教师们相互学习、相互借鉴，共同进步。

五、跨学科融合

在教育的新时代，跨学科融合已成为教学改革的一大趋势。加强跨学科合作，将英语教学与其他学科融合，可以为学生提供更丰富的学习体验和应用场景。通过这种跨学科的教学方式，不仅可以增加学生对知识的理解和应用，还能培养学生综合运用英语解决实际问题的能力，提升其就业竞争力。跨学科融合教学的优势在于能够打破学科之间的界限，促进知识的交叉融合和综合运用。以英语教学与科技融合为例，通过将英语学习与科技知识相结合，可以让学生在学习英语的同时了解科技领域的最新发展和应用。

通过与商务学科的融合，可以使学生了解商务领域的专业知识和沟通技巧，为他们未来从事国际贸易、市场营销等相关职业提供必要的素养和技能。而与文化学科的融合，则可以帮助学生更好地了解英语国家的文化背景和习俗风情，增进他们对跨文化交流的理解和认识，提高他们的跨文化沟通能力。

参考文献

[1] 杨莉芳. 大学英语新形态教材:内涵、开发原则与核心特征[J]. 外语界,2024(01): 57-64.

[2] 梁惠梅. 英语专业课程思政教学评价原则与实施策略[J]. 湖北开放职业学院学报, 2023,36(22):84-85.

[3] 李捷,陈新仁. 大学英语词汇教学的选例原则[J]. 江苏外语教学研究,2023(03): 5-10.

[4] 周伟. 在英语教学中培养学生审美素养的原则与策略[J]. 中小学外语教学(中学篇),2023,46(06):12-17.

[5] 张丽. 英语口语交际创新教学方法探讨[J]. 成才之路,2023(14):97-100.

[6] 敖娜仁图雅,张常娥. 英语简单章节书教学的设计原则与实施方法[J]. 基础外语教育,2023,25(02):66-74+109.

[7] 孟高旺,杨琳琳. 大学英语课程思政教学的原则与提升路径[J]. 淮北师范大学学报(哲学社会科学版),2022,43(06):98-100.

[8] 申菁. 例谈英语写作教学中范文编写的原则[J]. 小学教学研究,2022(25):29-31+37.

[9] 张月馨. 浅谈礼貌原则在高校英语课堂教学中的应用[J]. 英语广场,2022(27): 89-92.

[10] 邹为诚,陈德江. 英语读写结合教学的理念与实践原则[J]. 基础外语教育,2022, 24(03):20-27+109-110.

[11] 邓韵. 大学英语教师教学效能感影响因素及应对策略[J]. 湖北第二师范学院学报,2024,41(01):76-79.

[12] 方颖慧. 新文科背景下高校英语教学质量的影响因素及提升路径[J]. 科教导刊,

2023(31):108-110.

[13]黄希楠.大学英语教学中课堂与课后学习的融合策略[J].校园英语,2023(41):94-96.

[14]何宁宁.高校英语教学中培养学生思辨能力的实践研究[J].校园英语,2023(32):76-78.

[15]钱思彤.大学英语混合式教学质量影响因素与提升策略研究[J].品位·经典,2023(09):157-159.

[16]许颖.高校英语教学质量的影响因素及增效策略[J].吉林广播电视大学学报,2023(03):1-3.

[17]唐媛.翻转课堂模式在大学英语翻译教学中的应用分析[J].湖北开放职业学院学报,2024,37(05):177-178+181.

[18]张莹.翻转课堂教学模式对英语专业学生口语学习成效影响之研究[J].校园英语,2024(03):25-27.

[19]陈洁奕.翻转课堂模式在英语教学中对师生的应用效果研究[J].山西青年,2023(24):102-104.

[20]韩健.高校英语阅读教学中"翻转课堂"模式实践方法分析[J].海外英语,2023(23):99-101.